AI 에이전트와 사회 변화

AI문고

인공지능 시대입니다. 기계가 인간의 인지를 대신하고, 사물이 인간을 통하지 않고 다른 사물과 직접 커뮤니케이션합니다. 이에 따른 인간 삶과 문명 변화를 정확히 이해 · 예측 · 대응하는 것은 이 시대 우리 모두의 과제입니다. AI문고는 인공지능 기술과 환경의 여러 주제를 10가지 키워드로 정리합니다. 관련 개념과 이론, 학계와 산업계의 쟁점, 우리 일상의 변화를 다룹니다. 인간과 기술의 현재, 미래를 세심히 분석합니다.

일러두기

- 인명, 작품명, 저서명, 개념어 등은 한글과 함께 괄호 안에 해당 국가의 원어를 병기했습니다.
- 외래어 표기는 현행 어문규정의 외래어표기법을 따랐습니다. 다만 '딥러닝', '딥마인드', '딥페이크' 등은 관행을 따랐습니다.

처음이세요?

전문가세요?

AI 에이전트와 사회 변화

이경전

ㅋ

대한민국, 서울, 커뮤니케이션북스, 2024

AI 에이전트와 사회 변화

지은이 이경전
펴낸이 박영률

초판 1쇄 펴낸날 2024년 9월 26일

커뮤니케이션북스(주)
출판 등록 2007년 8월 17일 제313-2007-000166호
02880 서울시 성북구 성북로 5-11
전화(02) 7474 001, 팩스(02) 736 5047
commbooks@commbooks.com
www.commbooks.com

ISBN 979-11-288-6851-1 03500

책값은 뒤표지에 표시되어 있습니다.

차례

AI 에이전트로 인한 사회 변화의 준비

행동하는 AI 에이전트

인공지능(artificial intelligence, AI)처럼 오해와 과장을 끊임없이 낳고 있는 말도 드물다. 그런 오해와 과장이 인재들을 끌어들이고 사회의 관심을 주기적으로 끌어 주면서 성장하고 있는 독특한 분야다. 인공지능을 전공하고 연구한다는 것은 인공지능에 대한 자신의 오해와 타인의 오해를 극복하는 과정이다. 인공지능에 기대하는 자기 자신의 희망과 좌절, 사회의 희망과 좌절의 과정을 극복해 나가는 과정이다.

인공지능이라는 분야는 특히 그 이름 때문에 성공이 곧 부정으로 이어지는 패러독스에 시달려 왔다. 자신의 분야가 성취한 것에 대한 소유권을 잃어버리게 되는 운명이다. 인공지능 분야에 어떤 기술적 성취가 이뤄지면 그것은 더는 인공지능이 아닌 것으로 간주되어 왔다. 예를 들어 자동차 내비게이션에서의 빠른 길 찾기는 1990년대에는 인공지능 분야에서 연구하던 주제다. 2010년대부터 나오기 시작한 텍스트 자동 읽기 역시 인공지능을 전공한 학자들이 만들어 낸 서비스다. 그러나 사람들은 이것이 인공지능의 영역이라고 생각하지 않는다. 새로운 기술에 익숙해지면 그 기술을 더는 인공지능으로 간주하지 않는다. 항상 더 새로운 기술을 추구하며 우리가 아직 도달하지 못한 무언가를 인공지능이라 간주한다. 그래서 인지과학자 더글라스 호프스태터는 "인공지능은 아직 성공하지 않은 것을 일컫는다(AI is whatever hasn't been done yet)"라 꼬집었다(Hofstadter, 1980).

1995년 패트릭 헤이즈와 케네스 포드(Hayes & Ford 1995)는 몬트리올에서 열린 국제인공지능통합학술대회(International Joint Conference on AI, IJCAI)에서 튜링 테스트를 통과하는 것이 인공지능을 위한 현명한 목표가 아니며 1950년 이래 튜링의 비전을 준수해 온 것이 인공지능 연구에 큰 해가 되고 있다고 주장했다. 튜링 테스트는, 인간이 어떤 보이지 않는 두 주체와 대화를 나누는 상황에서 하나는 사람이 컴퓨터인 척을 하고 다른 하나는 컴퓨터가 사람인 척을 하는데, 이 둘과 대화하는 사람이 둘 중에 누가 인간인지 컴퓨터인지 구별해 낼 수 없을 때, 그때 사람인 척하는 컴퓨터를 생각하는 것으로 간주할 수 있다는 앨런 튜링의 제안일 뿐이다. 후배 학자들은 튜링의 견해를 절대시했지만, 헤이즈와 포드는 이를 비판했다. 튜링 테스트를 절대시하는 것이 인공지능 분야 연구에 해가 된다는 것이다. 하늘을 날고 싶다는 인간의 욕망을 충족시키기 위해서 새처럼 날개를 퍼덕거리며 나는 것만을 '비행'이라 정의하고 '새처럼 날기' 테스트를 통과하려고 애썼다면, 인간은 아직 하늘을 날지 못할 것이다. 어떤 방법으로든 하늘을 날면 되는 것이지 새처럼 날개를 퍼덕거리면서 날아야만 하는 것은 아니다. 하늘을 날고 싶다는 인간의 욕망은 새처럼 날고 싶다는 '인공 비행'의 비전으로 해결되지 않았다. 베르누이 방정식이라는 유체 역학에 근거한 항공 공학으로 해결됐다.

그러나 새로운 지식이 전파되는 속도는 매우 느리다. 지금도 많은 사람들은 인공지능에 대한 비합리적, 비과학적 생각에 사로잡혀 있다. 여전히 인간을 닮은 기계, 생각하는 기계를 만드는 것이 인공지능 연구라고, 튜링 테스트를 통과하는 것이 인공지능의 궁극적 목표라고 생각한다. 그러나 앨런 튜링조차도 튜링 테스트를 인공지능의 궁극의 목표로 제안한 것이 아니다. 그는 "기계가 생각할 수 있는가?"라는 질문에 답변하기 위해 하나의 테스트를 고안해 낸 것뿐이었다.

인공지능에 대한 합리적 · 과학적 분석을 하기 위해서는 먼저 인공지능에 대한 합리적 · 과학적 이해가 있어야 한다. '합리적 에이전트'로서의 인공지능을 이해해야 한다. 물론 이 개념 역시 나중에는 새로운 주장과 새로운 패러다임에 의해 변화가 필요할 수 있을 것이다. 그러나 1950년의 튜링 테스트라는 패러다임을 합리적 에이전트라는 패러다임으로 극복하는 것이 우선이다. 그런 극복 위에 또다시 새로운 패러다임의 도래를 논의할 수 있을 것이다.

인공지능을 정의하고 인공지능에 접근하는 방법은 현대적이어야 한다. 인공지능이 인간을 닮은 기계, 생각하는 기계를 만드는 것이라고 여기지 않는 것이 중요하다. 인간 같은 기계, 생각하는 기계를 만드는 것이 인공지능이라고 생각하는 것은 낭만적이긴 하나 비과학적이다. 인공지능은 인간과 비슷한, 인간을 흉내 내는 기계를 만드는 것이 아니라 합리적인 기계를 만드는 것이다. 그렇다면 합리적으로 행동한다는 것은 무엇인가? 간단히 말하면 '최적화'다. 주어진 제약 조건 내에서 어떤 목표를 최대한 달성하는 것이다. 생각하는 기계를 만드는 것이 아니라 행동하는 기계를 만드는 것, '합리적 에이전트(rationally behaving agent: 합리적 행동 기계, 줄여서 rational agent)'를 만드는 것이다. 합리적인 에이전트란 최상의 결과를 얻기 위해 행동하며, 불확실성이 있을 때는 최상의 예상 결과를 도출하는, 즉 시간이 지남에 따라 목적 함수를 최대화하는 주체다(Russell & Norvig 1995).

인간을 흉내 내는 기계, 생각하는 기계를 만들어야 한다는 생각에 균열을 내야 한다. 인간과 비슷하지 않아도, 생각하지 못해도, 목적에 잘 맞게 행동하는 기계를 만드는 데에 집중할 필요가 있다.

예를 들어, 내비게이션 앱의 목표는 시간상으로 가장 빠른 길을 찾는 것, 연료를 최소한 사용하는 길을 찾는 것, 운전하기 제일 쉬운 길을 찾는 것 등이다. 주어진 조건은 현재의 교통 상황이다. 뉴스를 읽어 주는 서비스의 목표는 사람이 제일 잘 알아들을 수 있도록, 듣는 사람의 만족도가 가장 높도록 음색과 읽는 속도 등을 최적화하는 것이다. 이때 반드시 더 복잡한 기술, 최신 알고리듬에 의존할 필요는 없다. 어떤 인공지능 기술 하나가 마법처럼 모든 것을 해결하는 것이 아니다. 문제마다 특성이 있고, 그 문제를 해결할 수 있는 인공지능 기법, 비인공지능 기법을 종합적으로 적용할 수 있어야 한다.

목표를 달성하는 AI

S&P, 다우존스, 코스피 등 17개 주식 시장 주요 지표의 다음 날 등락 여부를 전날 예측하는 AI 시스템 연구를 의

뢰받아 진행한 경험이 있다. 연구를 의뢰한 기관은 최신의 인공지능 기술과 딥러닝 기술에 관심이 많았다. 의뢰자의 희망대로 장단기 기억 신경망(long & short term memory) 모델, 다층 퍼셉트론(multi-layer perceptron), 서포트 벡터 머신(support vector machine) 등 인공지능 기법을 적용해서 분석해 봤다(한재윤 · 이경전, 2017).

그런데 예측 성과가 제일 좋았던 것은 1970년대에 개발된 라쏘/릿지(Lasso/Ridge) 회귀 분석 기법이었다. 이 기법을 가지고 최근 1년 데이터를 매일 학습시키는 방식으로 적용했더니 인공지능 기술들을 썼을 때보다 더 좋은 결과를 냈다. 1970년대에 나온 기법이라도 최신 컴퓨팅 인프라를 활용해 새로운 방법으로 적용하니 최적의 성과를 낸 것이다.

크게 보면, 인공지능 방법론에 얽매일 필요도 없다. 인공지능은 경영 과학(management science)과 같은 목표를 가지고 있다. 경영 과학은 '최적화를 목표로 하는 학문이다. 검은 고양이든 흰 고양이든 쥐만 잘 잡으면 되듯이 문제 해결과 최적화를 위해 우리는 인공지능을 쓸 수도, 경영 과학을 쓸 수도 있다.

조선업에서 생산 일정을 만드는 AI 시스템을 개발한 연구에 참여한 적이 있다(Lee et al., 1995). 해당 조선소는 복잡한 선박 생산 일정 계획을 자동화하고 합리화하는 데 인공지능을 결합하고자 했다. 정해진 방법론이 없었으므로 1970년대에 개발된 최적화(스케줄링) 기법과 1980년대에 개발된 로보틱스 연구를 통해 기초를 쌓았다. 또, 조선소를 수십 번 방문해 현업 전문가의 지식과 현장의 공간적 제약 조건을 반영한 알고리듬을 개발했다. 조선소를 방문하다 보니 중요한 것은 현장 근무자들의 협조라는 걸 깨닫게 됐다. 현업에서 근무하는 사람들은 인공지능이 자신의 업무를 빼앗아 갈까 봐 두려워했다. 이들에게 인공지능 시스템이 업무를 없애는 것이 아니라 인간 직원들을 지원해 주는 것이라는 걸 이해시키려 애썼다. 이 점을 이해하게 된 다음에야 직원들은 시스템 개발에 적극 협력하기 시작했다. 이렇게 만든 시스템은 선박 설계 도면이 나오면 그 데이터를 활용해 각 공정에 얼마나 시간이 걸리는지, 또 인력이 얼마나 필요한지를 추정했다. 여기에 쓰인 것은 신경 회로망 기법이었다. 기존의 주먹구구식 계산에 비해 생산 스케줄의 정확도가 높아지자 현장의 생산성이 올라갔다. 계획과 일정 간 괴리가 줄었다. 인공지능이 회사 상황에 따른 생산 계획을 빠른 시간에 산출하자 관리자들은 실제 생산에 들어가기 전에 생산 시뮬레이션을 여러 번 해 볼 수 있게 됐다. 그러자 경영 의사 결정이 유연해졌고, 이를 선박 수주 전략 의사 결정에도 활용할 수 있게 되어서 회사 매출을 높이는 데 기여할 수 있었다. 이렇게 구축된 시스템은 미국인공지능학회(American Association for Artificial Intelligence, AAAI)의 혁신적 인공지능 응용상을 수상했고 ≪AI Magazine≫에도 게재됐다.

건설 공정표를 생성하는 AI 시스템을 개발한 경험이 있다(Lee et al., 1998). 건설 현장의 공사 계획표를 만들려면 5~10년 경력의 현업 전문가가 1주일 정도 걸리는 것이 보통이었다. 과거의 비슷한 현장 사례를 찾아 상황에 맞게 고쳐 나가는 식으로 공사 계획표를 만들고 있었다. 이것을 1시간 안에 생성하는 시스템을 개발하는 것이 프로젝트의 목적이었다. 먼저 회사는 연구팀과 함께 기존 건설 공정표 사례들을 디지털화했다. 여기에 사내 전문가들의 지식을 결합함으로써 새로운 공정표를 자동 생성할 수 있는 시스템을 만들었다. 이 시스템에서 만들어지는 공정표에 이상이 있으면 이는 과거 사례 데이터나 전문가의 지식 중 하나에 결함이 있는 것이다. 시스템 자체의 효율성도 좋았지만 시스템을 개선하는 과정을 통해 과거 데이터를 더 좋은 데이터로 만들고, 전문가들의 지식 역시 더 좋은 지식으로 향상시킬 수 있었다. 회사는 양질의 공정표 데이터를 축적하게 됐고 직원들의 머릿속에 들어 있던 지식을 컴퓨터가 실행할 수 있는 지식으로 바꿔 이른바 '지식 경영'을 할 수 있게 됐다. AI가 공정표를 빠르게 생성하게 되자, 직원들은 수주 입찰에 더욱 능동적으로 대처할 수 있게 되었다. 이 시스템은 아파트, 교량, 열 병합 발전소, 송전탑 등의 건설 공정표 생성에 활용됐다. 이 시스템 역시 미국인공지능학회의 혁신적 인공지능 응용상을 받았으며, 이를 다룬 논문이 ≪AI Magazine≫에 게재됐다.

조선소 생산 관리를 위해서는 공간 추론, 계산 기하학, 인공 신경망, 스케줄링 이론, 휴리스틱 알고리듬 등 다양한 인공지능과 경영 과학 기법이 활용됐다. 건설 회사를 위해서는 사례 기반 추론, 제약 조건 기반 추론, 산업 공학에서 다루는 PERT/CPM 기법 등이 종합적으로 활용됐다.

인공지능을 가장 잘 활용하는 방법

기업의 부도 예측을 위한 AI 에이전트 연구에 참여한 적이 있다(Shin & Lee, 2004). 어떤 기업이 부도를 낼 것인지 아닌지를 예측하기 위해 재무제표 정보로 판단하는 신경망, CEO 개인의 특징 정보로 판단하는 신경망, 기업이 속한 산업의 특성으로 판단하는 신경망 등을 만들었다. 또, 이 신경망의 결과를 종합하는 '앙상블' 모델을 만들었다. 앙상블은 여러 예측 모델의 조합을 만들어 가며 그중 신뢰도가 높은 조합을 택하는 방법이다. 이런 시스템을 개발할 때, 여러 기법을 적용하고, 비교하고, 앙상블하는 과정을 통해서 경험적으로 좋은 방법을 발견하게 된다. 어떤 방법이 적합한지는 프로젝트마다, 상황마다 다르다.

하나의 인공지능 시스템이 모든 문제를 다 풀어낸다는 것은 환상이다. 약한 인공지능이니, 강한 인공지능이니, 초지능이니 하는 것을 구분하고 우열을 논하는 것은 세상의 산적한 문제를 해결하는 상황에서는 탁상공론일 뿐이다.

AI를 가장 잘 활용하는 방법은 현재 갖고 있는 여러 문제 중에서 해결해야 할 가장 중요한 문제를 선택하는 것이다. 예를 들어 기업은 새로운 시장을 창출하는 과정에서 꼭 해결해야 할 문제, 경쟁 우위를 확보하기 위한 문제, 고객과 직원의 큰 불편과 애로 사항을 해결하는 문제, 생산성 · 효율성 향상, 새로운 제품/서비스 개발, 고객 및 공급자와의 관계/협업 강화, 의사 결정 능력 향상 등 중요한 문제와 목표를 선택해야 한다.

정리해 보면, 다음과 같다.

1. 인공지능을 적용하고자 하는 개인이나 조직은 현재 가장 중요한 문제가 무엇인지 파악해야 한다.

2. 그 문제의 특성을 파악하고, 이를 해결할 여러 AI, 비AI 기법들을 대안에 올려놓고 실험, 평가한다.

3. 구성원의 자발적 협력과 끈기, 시간과 비용의 투자가 필요하다. 한편, 단기적인 성과를 계속 보여 주어야만 더 많은 참여와 협력, 지혜를 이끌어 낼 수 있다.

4. 기술이 가진 한계를 인정해야 한다. 현재 딥러닝 등 신경 회로망 기법은 오류의 발생이 불가피하고, 이유를 설명하기가 어렵다. 그래서 현재의 불완전한 인공지능 기법을 자동차 주행 등에 적용해 완전 자동화하는 것은 어렵다. 설명 가능 인공지능(eXplainable AI, XAI) 연구가 많이 진행되고 있지만 아직 미흡하다(이경전, 2017.3.21). 따라서 AI를 도입할 때는 실수가 치명적이지 않은 분야, 실수가 있어도 통계적으로 성과가 좋으면 되는 분야를 선택해야 한다.

또, AI가 시사하는 조직적 의미, 사업적 의미도 잘 파악해야 한다. AI 기술이 조직이나 생태계 전체의 인센티브 체계와 충돌할 경우 정착하기 어렵다. 그러므로 기존의 업이나 조직에 위협이 되지 않고 모두에게 윈윈이 되도록 해야 한다(Jin et al., 2003).

AI는 기술 개발도 중요하지만 이를 응용하는 분야를 선정하고 적절한 기술과 시스템(제도)을 갖추는 것도 중요하다(이경전, 2017.4.21). AI 기술을 개발하는 것은 상대적으로 쉽다. 어려운 것은 AI 응용이다. 응용에 성공하지 못하면 의미가 없다. 응용할 수 있는 문제를 선택하는 것, 그 문제를 해결할 수 있는 기술을 선택하고 구현하는 것, 그 기술 외에 또 다른 기술과 비기술적 요소를 고려하는 것이 중요하다. 실세계 문제를 잘 찾아내고 이를 해결해서 성과를 내는 것, 그것이 진짜 인공지능 기술이다(이경전, 2017).

대화하고 행동하고 소통하는 AI 에이전트

AI 기술은 현재 한차례 더 도약하는 중이다. 챗지피티(ChatGPT) 등 대화형 AI의 발전은 인공지능 분야에서 오랫동안 논의되어 온 AI 에이전트를 현실화하고 있다. 인간이 컴퓨터와 대화하기 이전과 이후는 불연속적으로 다르다. 대화가 가능해지면서, 인간이 많은 일들을 AI 에이전트에 맡기는 것이 가능해지고 있다.

인간에게는 새로운 능력이 요구되고, 새로운 임무가 부여된다. 인공지능 기계와 더욱 전문적으로 커뮤니케이션하면서 일의 성과를 높이는 능력을 갖출 필요가 생긴다. 예를 들어, 초거대 언어 모델(large language model, LLM)에게 수만 단어로 이루어진 명령을 효율적 · 효과적으로 내릴 수 있는 능력이 필요한 것이다. 그리고 그렇게 빠르게 일하고, 컨텐트를 생성하는 AI의 결과를 잘 평가할 수 있는 인간으로서의 지식과 능력, 지혜, 감각이 필요하다. 이러한 능력은 이제 인간의 임무와 책임으로 연결될 것이다. 근미래에 인간은 쉴 때 인공지능에게 일을 시켜야 하는 공식적 · 비공식적 책임과 임무를 부여받게 될 것이다. AI를 잘 사용하는 능력을 갖추어야 하는 동시에 AI에게 일을 시키는 새로운 책임을 부여받게 되는 것이다.

AI 에이전트가 인간과 대화하고, 거래하고, 행동하게 될 것이다. 챗지피티로 대표되는 초거대 인공지능 서비스는 주로 인간과 컴퓨터 간의 대화로 이루어지지만, 점차 대화는 거래로 변화될 것이다. 기존의 전자 상거래는 대화형 전자 상거래로 변모해, 플랫폼이 아닌 인공지능 에이전트 그 자체가 거래를 촉진하게 될 것이다. 컴퓨터, 즉 기계에게 자동 행동을 요구하는 것이다. 그것이 오랫동안 논의되어 온 에이전트화다(이경전, 1999; Jin & Lee 2001; Jin et al., 2003; Lee et al., 2000). 인간은 AI 에이전트에게 대화로 명령한다. 그런데, 어떤 일의 단위에 관한 명령을 주는 것이 아니라 큰 목표를 줄 수 있다. 인간으로부터 목표를 부여받은 AI 에이전트는 자신의 목표를 하위 목표로 나누고, 각각을 달성하는 일의 순서를 계획하고, 최적의 자원 활용과 순서로 실행한다. 챗지피티와 같은 대화 위주의 서비스와의 차이를 명확히 알 필요가 있다. 챗지피티는 주로 사용자와의 대화를 통해 텍스트 기반의 응답을 생성하지만, 목표를 설정해 반복적으로 수행하지도 않고 복수의 에이전트가 동시에 작업을 분배하고 협력하는 멀티에이전트 구조가 아니라는 면에서, 벌써 옛날 방식이 되고 있다.

인간과 컴퓨터의 상호 작용이 인간과 컴퓨터의 상호 작용, 그리고 컴퓨터와 인공지능의 상호 작용으로 나누어져서 계층적으로 진행되고 있는 것인데, 이러한 계층화는 점점 더 심화될 것이다. 즉, 인간과 컴퓨터 간의 상호 작용을 위해, 그 중간에 컴퓨터와 컴퓨터 간의 복잡한 상호 작용이 내재되게 될 것이라는 점이다. 그리고 이 모든 것이 인간의 대화를 닮은 모습으로 진행될 것이다.

AI 에이전트는 인류에게 새로운 도전을 주고 있다. AI 에이전트가 인류에게 어떤 가치를 제공할 것인가는 우리가 이를 어떻게 잘 이해하고 관리(Shavit et al. 2023)

해 나갈 것인가에 달려 있다.

참고문헌

이경전(1999). 전자상거래를 위한 소프트웨어 에이전트. ≪정보처리학회지≫, 6(1), 54-62쪽.

이경전(2017). 인공지능, 경영 최적화의 한 방법 응용 기술 개발 못하면 의미 없어. ≪DBR≫, 228, 54-61쪽.

이경전(2017.3.21). 알파고 1년의 교훈, 휴리스틱에 머물러선 안 된다. ≪한국경제≫, A33면.

이경전(2017.4.21). 우리가 가져야 할 진짜 인공지능 기술. ≪한국경제≫, A33면.

한재윤·이경전(2017). 금융 시장 예측을 위한 앙상블 접근: 스태킹과 롤링 윈도우를 중심으로. ≪2017 한국지능정보 시스템학회 추계 학술대회 논문집≫.

Hayes, P., & Ford, K.(1995). Turing test considered harmful, *IJCAI'95 Proceedings of the 14th international joint conference on Artificial intelligence*, 1, pp.972-977.

Hofstadter, D.(1980). *Gödel, Escher, Bach: An eternal golden braid.* Basic Books. 박여성 옮김(2017). 『괴델, 에셔, 바흐』, 까치.

Jin, D., & Lee, K.(2001). Impacts and limitations of intelligent agents to internet commerce. *Lecture notes in computer science,* 2105, pp.33-48.

Jin, D., et al.(2003). Generation of hypotheses on the evolution of agent-based business using inductive learning. *Electronic markets,* 13(1), pp.13-20.

Lee, J., et al.(1995). DAS: Intelligent scheduling systems for shipbuilding. *AI magazine,* 16(2), pp.78-94.

Lee, K., et al.(2000). Time-bounded negotiation framework for electronic commerce agents. *Decision support systems,* 28(4), pp.319-331.

Lee, K., et al.(1998). FASTrak-APT: Case and constraint-based construction project planning system. *AI magazine,* 19(1), pp.13-24.

Russell, S. J., & Norvig, P.(1995). *Artificial intelligence: A modern approach.* Pearson.

Shavit, Y., et al.(2023). Practices for governing agentic AI systems. Research Paper, OpenAI.

Shin, K., & Lee, K.(2004). Bankruptcy prediction modeling using multiple neural network models. *Lecture notes in artificial intelligence,* 3214, pp.668 - 674.

01
지능, 인공지능, AI 에이전트

제임스 알버스(James Albus)의 지능의 정의를 소개하면서 지능의 정의에 대해서 생각해 보고, 이에 기반한 닐스 닐슨(Nils Nilsson)의 인공지능의 정의를 확장해 인공지능을 정의한다. 스튜어트 러셀(Stuart J. Russell)과 피터 노빅(Peter Norvig)이 소개하는 인공지능에 관한 네 가지 접근과 탐 미첼(Tom Mitchell)의 기계 학습 정의를 참고해, AI 에이전트에 대해 정의한다.

AI와 1인 창업?

지능의 정의

지능(intelligence)은 어떻게 정의하는 것이 바람직할까? 동물과 식물의 차이에서 논의를 출발시켜 보자. 보통 동물은 지능이 있다고 하고, 식물은 지능이 없다고 한다. 동물과 식물의 차이는 무엇인가? 동물은 말 그대로 움직인다는 특징을 식물에 대비해 가진다. 이렇게, 지능은 '움직인다'라는 특징과 관련이 있다. 지능은 움직이는 데에 필요한 것이다. 그렇다면, 동물은 왜 움직이는가? 동물은 자신의 목적인 생존과 번영을 위해 움직인다. 그러면 동물과 같은 자연 시스템(natural system)뿐만 아니라, 인공 시스템(artificial system)에도 적용할 수 있는 지능의 정의는 무엇일까? 동물에게는 생존과 번영이라는 목적이 주어져 있지만, 인공 시스템은 말 그대로 사람(人)이 만든(工) 시스템이므로, 그 주인인 사람이 인공 시스템에게 목적을 부여한다. 제임스 알버스(James Albus)는 자연 시스템과 인공 시스템에게 공히 적용될 수 있는 지능을 정의해 보고자 했는데, 결국 지능을 '성공적인 행동을 산출하는 것(Intelligence is defined as that which produces successful behavior)'으로 정의한다(Albus, 1991).

여기서 주목해야 할 점은 지능이라는 것의 본질이 '생

각한다'라는 것과 상관이 없다는 점이다. 지능은 생각을 하든 하지 않든 간에, 오직 성공적인 행동을 산출하는 것이라고 이해하는 것이 더 과학적이다. 개미는 지능이 있는가? 개미가 자신을 밟아 죽이려는 어린아이들의 발걸음을 이리 저리 피해 가는 행동은 분명 지능이 산출하는 것이다. 우리는 개미가 생각하는지 생각하지 않는지 구별하기 이전에, 그 개미가 분명 성공적인 행동을 산출하는 지능을 가지고 있다고 믿는다.

그러면, 성공이라는 것은 무엇인가? 성공이란 목적을 달성하는 것이다. 목적은 누가 부여하는가? 그것은 주인, 즉 사람이 부여한다. 사람은 인공 시스템과 자연 시스템 모두에게 목적을 부여하고, 인공 · 자연 시스템의 지능은 그 목적을 달성하는 데 기여하는 행동을 산출하도록 하는 것이다. 결국 행동할 수 없는 것은 지능이 없는 것이다. 따라서 인공지능 시스템이 행동 기제를 가지기 전에는 진정한 지능 시스템이 아니라고 생각할 수도 있다. 우리가 스스로 움직이지 못하는 식물을 지능이 없다고 생각하는 것과 마찬가지다.

현재의 AI 시스템은 행동하는가? 움직이는가? 아직은 행동하기보다 인식하는 시스템이고, 예측하는 시스템이고, 생성하는 시스템에 불과하다. 그래서 어쩌면 진정한

지능을 가진 시스템이 아니라고까지 할 수 있다. 현재의 AI 시스템은 인식 · 예측 · 생성하고, 인간이 행동을 하고 있다. 그런데, 본서에서 논의하는 AI 에이전트는 이제 본격적으로 행동하는 인공지능 시스템에 대해서 논의하고자 하는 것이다. 그런데, 다시 한번 강조할 것은 이 모든 AI 시스템은 아직 생각하는 시스템은 아니라는 점이다. 생각과는 상관이 없는 것이다.

인공지능의 과학적 정의

이제 인공지능을 정의해 보자. 2016년에 스탠포드대학교 중심으로 출간된 『Artificial Intelligence and Life in 2030』(Stone et al., 2016)에 따르면 인공지능은 기계를 지능적으로 만드는 활동인데, 그 지능이란 어떤 개체가 환경 속에서 적절하게 그리고 예지력을 가지고 기능하도록 하는 특성(activity devoted to making machines intelligent, and intelligence is that quality that enables an entity to function appropriately and with foresight in its environment)이라고 정의한다. 인공지능은 어떤 개체가 아니라 어떤 개체를 지능적으로 만드는 활동, 즉 방법론일 뿐이며, 여기서 지능이란 적절히 기능하게 하는 것이라는 설명이다. 이 정의는 닐스 닐슨(Nils Nilsson)

의 정의를 그대로 가지고 온 것이고, 닐슨의 이 정의는 앞서 설명한 제임스 알버스의 정의를 가지고 온 것이다(Nilsson, 2010). 이경전과 황보유정은 인공지능을 기계, 인간, 환경이 자신이 속한 시스템의 궁극적 목표 달성을 위해 적절히 행동하도록 만드는 방법론으로 정의한 바 있고(Lee & Hwangbo, 2020), OECD는 AI 시스템을 '인간이 정의한 목표들을 위해 예측과 추천, 그리고 의사 결정을 하는 기계 기반 시스템'으로 정의하고 있는데, 두 정의 모두 AI 시스템을 목표를 위해 행동하는 시스템으로 본다는 공통점을 가진다.

AI 에이전트의 정의

카네기멜런대학교(CMU), UC 버클리, 매사추세츠공과대학교(MIT), 스탠퍼드대학교 등 전 세계 인공지능 분야 최고 대학과 대학원의 인공지능 개론 수업에서 지난 30여 년간 독보적으로 사용되어 온 인공지능 개론 교과서는 스튜어트 러셀과 피터 노빅이 1995년에 처음 출간한 『인공지능: 현대적 접근(Artificial intelligence: A modern approach)』이다(Russell & Norvig 1995). 러셀과 노빅은 이 책에서 인공지능에 접근하는 방법에 두 가지 차원이 있고, 이로써 총 네 가지의 범주로 분류할 수 있다

표 1-1 인공지능 접근 방법의 두 가지 차원과 네 가지 범주

	사람 닮은	합리적인
생각하는	사람같이 생각하는	합리적으로 생각하는
행동하는	사람같이 행동하는	합리적으로 행동하는: 지능적 에이전트

고 설명한다. 첫 번째 차원은 사람을 닮은(human-like) AI를 추구하는가, 아니면 합리적(rational) AI를 추구하는가라는 차원이고, 두 번째 차원은 생각을 하는 AI를 추구하는가, 아니면 행동을 하는 AI를 추구하는가라는 차원이다. 이를 표로 정리하면 위와 같다.

러셀과 노빅은 이렇게 인공지능에 접근하는 방법에 네 가지가 있는데, 그중에 자신들은 합리적으로 행동하는 AI를 만드는 접근 방법을 취한다고 설명하면서, 결국 인공지능이란 환경으로부터 감지해서 행동을 하는 에이전트에 대한 학문(study of agents that receive percepts from the environment and perform actions)이라고 넓게 정의한다. 이렇게, 인공지능 분야에서 에이전트라는 말은 가장 중요한 교과서에서 오래전부터 사용된 핵심 개념이라는 점을 알 필요가 있다. 에이전트는 행동하는 무엇이다. 우리말로는 행위자라고 번역할 수 있을 것이다. 앞서, 식물은 행동하지 못하고, 또한 지능이 없다고

설명했다. 반면에 에이전트는 지능을 가져서 행동하는 무엇, 즉 행위자인 것이다. 앞서 지능은 성공적인 행동을 산출하는 것으로 정의했는데, 성공이란 목표를 달성하는 것이므로, 결국 지능적인 AI 에이전트라는 것은 주어진 목표를 달성하도록 하는, 즉 합리적이고 적절한 행동을 하는 행위자로 정의할 수 있다. 본서에서 다루는 AI 에이전트는, 주인인 인간 사용자가 부여한 목표를 달성하기 위해 적절히 행동하는 행위자로 정의할 수 있다. 목표 달성을 위해 적절히 행동하려면 에이전트는 환경으로부터 온 자극과 정보들을 감지해서 처리해야 하며, 환경 내에서 경험이 쌓여 감에 따라 자신의 성과를 향상시키는 학습 기능이 있으면 좋을 것이다. AI 에이전트로 하여금 학습을 하도록 하는 방법론이 기계 학습이다. 기계 학습이라는 것은 어떤 기계가 어떤 직무에 대해 경험을 하게 됨에 따라 성능이 향상되도록 하는 방법론이다(Mitchell, 1997). 결국, AI 에이전트는 주인인 사람의 목표 달성을 위해 대신 결정을 내리고 행동하고 학습하는, 자동화된 AI 시스템으로 정의할 수 있다.

인간으로만 구성된 체제에서는 주인을 위해 봉사해야 할 대리인이 주인과 다른 목표를 가지고 주인의 요구에서 벗어난 행동을 하는 현상인 이른바 '주인(principal)-대리인(agent) 문제'가 종종 발생한다(Jensen & Meckling, 1976). 하지만 AI 에이전트는 AI 시스템이 충실히 주인의 요구를 수행하므로, 대리인 문제가 완화하는 장점도 있다(이경전, 2024). 주인과 노예의 관계가 역전되는 '주인과 노예의 변증법'은 AI 에이전트 경제 체제에선 발 들일 틈이 없다.

AI 에이전트는 하나의 소프트웨어 시스템으로, 여러 내외부의 AI 모델을 호출해 주인의 목표를 달성하기 위한 행동을 하고, 자체적으로 경험을 쌓아서 학습함으로써 성과를 높이는 기계 학습 구조를 갖출 수도 있다. 인간 사용자나 다른 AI 에이전트와는 자연어 대화 인터페이스로 소통한다는 것이 챗지피티(ChatGPT) 이전의 AI 에이전트와 다른 점이다.

참고문헌

이경전(2024.1.11). 'AI 경제 집사' 온다 … 미래 물결에 올라탈 준비하라. ≪한국경제≫, A29면.

Albus, J.(1991). Outline for a theory of intelligence. *IEEE transactions on systems, man, and cybernetics,* 21(3), pp.473-509 .

Jensen, M., & Meckling, W.(1976). Theory of the firm: Managerial behavior, agency costs and ownership structure. *Journal of financial economics,* 3(4), pp.305-360.

Lee, K., & Hwangbo, Y.(2020). Definition and recognition of AI and its influence on the policy: Critical review, document analysis and learning from history. In *Artificial intelligence for social good,* ISBN 979-988-77283-0-6, Association of Pacific Rim Universities & Keio University.

Mitchell, T.(1997). *Machine learning.* McGraw Hill.

Nilsson, N.(2010). *The quest for artificial intelligence: A history of ideas and achievements.* Cambridge University Press.

Russell, S., & Norvig, P.(1995). *Artificial intelligence: A modern approach.* Pearson.

Stone, P.,et al.(2016). *Artificial intelligence and life in 2030: One hundred year study on artificial intelligence.* Stanford University.

02
초지능 개념의 비판으로서 AI 에이전트

어떤 하나의 신과 같은 거대하고 완벽한 인공 일반 지능이나 초지능, 특이점 개념을 허버트 사이몬, 케네스 애로, 프리드리히 하이에크, 리차드 카프, 스테픈 쿡, 베르너 하이젠베르크, 쿠르트 괴델, 칼 포퍼의 이론 등에 근거해 비판적으로 검토하고, 독점적 인공지능이 아닌 민주화된 인공지능으로서 AI 에이전트가 어떤 철학적 의미를 가지는지 설명한다.

AI와 MBTI?

완벽할 수 없는 인공 일반 지능, 초지능, 특이점

초·중·고등학교에서 집합에 대해서 배울 때, 객관적으로 정의될 수 없는 것은 집합에 속하지 않는다고 배웠다. 키가 큰 사람의 집합, 뚱뚱한 사람의 집합 등은 정의될 수 없는 것이다. 따라서 빅데이터(big data)나 딥러닝(deep learning)이라는 것은 학계와 산업계에서 사용되고 있는 말이지만, 과학적이지는 않다. 빅데이터는 수학적으로 정의할 수 없지만, 다행히 딥러닝을 수학적으로 정의하는 것은 가능하다. 딥러닝은 은닉층이 2개 이상이 되는 인공 신경망을 다루는 학문이라고 정의할 수 있다. 그러면, 인공 일반 지능(artificial general intelligence, AGI)과 초지능(superintelligence)은 과학적으로 정의된 상태로 논의되고 있는 것인가? 예를 들어, "AGI가 2XXX년이 오기 전에 실현될 것이다"라는 언급은 AGI를 우리가 수학적으로 정의할 수 있을 때만 의미가 있는 명제다.

GPT-4는 스탠퍼드대학교 학부생 수준의 능력을 발휘한다고 판단된다. KAIST 학생에 비유하지 않는 것은 영어를 아주 잘하기 때문이고, 하버드대학생에 비유하지 않는 것은 컴퓨터 프로그래밍을 아주 잘하기 때문이다. 그러나 스탠퍼드대학교 학부생이라 하더라도 완벽한 지식과 지능을 가지고 완벽한 판단을 할 수 없는 것처럼,

GPT-4 역시 완벽할 수 없다. 오픈에이아이(OpenAI)의 최고 기술 책임자 미라 무라티(Mira Murati)는 GPT-4를 똑똑한 고등학생에 비유했고, GPT-5는 박사학위 취득자 정도가 될 것이라고 했다. 그러나 박사학위자도, 천재 같은 인간도 실수를 많이 하는 것처럼 인공지능 역시 실수할 수밖에 없다. 인간이 아무리 합리적이려고 애를 써도, 인간의 합리성은 제한돼 있다. 정보 수집 능력에 제한이 있고, 의사 결정 시간도 부족하다. AI도 마찬가지다. 아무리 좋은 컴퓨터가 있어도 최적해를 단시간에 구할 수 없는 문제들이 우리 주변에는 수두룩하다.

AI는 불완전하다. 완벽하지 않다. 인간 역시 완벽하게 합리적일 수 없다. 인간이 지니는 계산 능력, 의사 결정 능력의 한계가 존재하기 때문이다. 허버트 사이먼(Simon, 1997)은 인간에 대한 솔직한 관찰과 설명을 한 후 제한된 합리성이라는 개념을 내놓으며 노벨경제학상과 컴퓨터 과학 분야의 노벨상이라 할 수 있는 튜링 어워드를 수상했다.

스테픈 쿡(Cook, 1971)과 리처드 카프(Karp, 1972)는 컴퓨터가 아무리 발전해도 세상의 많은 문제는 우리가 원하는 시간에 그 해를 발견하기 어렵다는 일종의 불가능성에 대한 발견으로 튜링 어워드를 받았다. 퀀텀 컴퓨팅이 이를 극복하기 위한 하나의 방편으로 연구되고 있지만 이 역시 이들의 이론 자체를 극복하는 것은 아니고 단지 답을 구하는 시간을 획기적으로 단축하는 방법론일 뿐이다.

프리드리히 하이에크(Hayek, 1944/2018)는 엘리트끼리 중앙 집중적으로 의사 결정하는 방식으로는 좋은 사회를 운용할 수 없다는 '사회주의 계산 불가능성'을 일찍이 간파했고, 그의 경제 사상과 철학으로 노벨 경제학상을 수상했다. 결국 서로 교환, 협상, 흥정하는 시장 메커니즘이 필요하다는 의미로 해석될 수 있다. 하이에크는 인공 신경망과 뇌 과학의 발전을 예견한 듯한 『감각적 질서』(Hayek, 1952/2016)라는 독특한 저서를 남기기도 했다.

쿠르트 괴델(Gödel, 1931)은 어떠한 공리 체계도 증명할 수 없는 참인 명제가 항상 존재하며, 따라서 스스로 모순성이 없음에 대한 증명은 불가능하다는 불완전성 정리를 증명했다. 노벨 물리학상 수상자 베르너 하이젠베르크(Heisenberg, 1927)는 어떤 입자의 위치와 운동량을 모두 정확하게 알 수는 없다는 불확정성의 원리를 발견해 인류를 더욱 겸손하게 만들었다. 세상 만물의 어떤 상태를 정확하게 파악할 수는 없다는 의미로 해석된다. 케네스 애로(Arrow, 1951)는 바람직하다 여기는 의사 결정의 기준을 모두 만족시키는 의사 결정 메커니즘은 만들 수 없다는 것을 증명한 불가능성 정리를 제시해 노벨 경제학상을 받았다.

블록체인 트릴레마(Trilemma)는 이더리움을 발명한 비탈릭 부테린이 제시한 용어로, 확장성(scalability), 보안성(security), 탈중앙화(decentralization)를 모두 만족시키는 블록체인을 만들기는 어렵다는 것이다. 일견 멋져 보이는 블록체인이 아직도 사회에 큰 가치를 제공하고 있지 못하는 이유다. 이 모든 발견은 인간을 겸손하게 하고, AI의 한계에 대해 생각하게 만든다.

모든 인류의 지능의 총합보다 더 우수하다고 정의되는 초인공지능이 출현하는 특이점에 도달하더라도 그 인공지능은 완벽할 수가 없고, 여전히 인류의 정치적·집단적 판단이 필요하다.

오만가지 일을 하는 GPT-4는 인공 일반 지능

인간이 할 수 있는 모든 일을 할 수 있는 AI로 인공 일반 지능을 정의하는 사람들이 있지만, 특이점 정의도 그렇고 인공 일반 지능의 정의에도 '인간'이라는 단어가 들어가는 것은 적절하지 않다. 인간 자체가 완벽하지 않고 AI

도 이론상 완벽할 수가 없는 상태이므로, 완벽하지 않은 인간의 총합보다 더 우수해도 그 인공지능은 완벽하지 않으므로 신뢰할 수 없다. 결국, 인공 일반 지능은 인간이 할 수 있는 모든 일을 할 수 있는 AI로 정의하기보다는, 상당히 많은 종류의 일을 하는 AI로 정의하는 것이 차라리 적절하다. 오만가지 일을 다 하는 GPT-4는 이미 인공 일반 지능이라고 할 수 있는 것이다.

GPT-5, GPT-6, GPT-7로 발전해 나가는 과정에서 상당히 지능을 갖춘 AI가 나올 텐데, 어떤 지능 높은 인간보다도 지능이 높은 기계를 의미하는 초지능 개념 역시 그 정의에 '인간'이 들어가는 것이 문제다. 닉 보스트롬(Bostrom, 2014/2017) 등이 주장하는 초지능은 기계가 의식을 가져서 결국 인간을 공격하게 될 것이라고 주장한다. 그러나 현재의 AI 모델 원리로 볼 때 그 모델의 작동 과정에서 의식이 생길 수 있는 근거는 전혀 없다. 잘 학습된 모델이 너무 대답을 잘 생성해 사용자가 볼 때 그 기계가 이해하고 생각하는 것처럼 여길 수는 있다. 이 과정에서 우리 인간들은 이해와 생각이라는 것에 대해 새로운 인식에 도달하고, 합의하게 될 수도 있다. 그러한 과정을 거쳐 우리가 어떤 기계가 '의식이 있다'라고 판정하는 방법을 가지게 될지도 모르겠다. 그러나 현재의 과학 수준으로 그것을 미리 증명할 방법은 나오지 않았다. 트랜스포머(transformer) 모델(Vaswani et al. 2017)에 기반한 AI 모델은 그저 병렬적으로 계산을 효율적으로 잘 하는 기계일 뿐 의식이 개입할 여지는 전혀 없다. 따라서 기계가 인류를 멸망시킬 의지를 생성하게 되고 정밀한 계획하에 순간적으로 인류를 습격하게 될 것이라는 닉 보스트롬류의 주장은 공상일 뿐, 입증도 어렵고 반증도 어려운 비과학적 주장이다. 어떤 주장이 과학적이려면 반증 가능(falsifiable)해야 하는데(Popper, 1959), 기계가 의식을 가질 것이라는 주장은 아직 입증도 반증도 어려운 상황이므로 과학의 영역이 아니라 예수 재림론과 같은 종교나 신념의 영역이다.

메타의 CEO 마크 저커버그는 오픈에이아이와 같이 폐쇄형 AI 플랫폼을 구축하는 기업들을 겨냥해 "그들은 신을 창조하고 있다고 착각하는 듯하다"라고 비판하면서, "AI 기술이 독점돼선 안 된다고 생각한다"며 "진정한 AI를 만드는 것에 대해 이야기할 때 큰 거부감을 느낀다. 그들은 마치 신을 창조한다고 생각하는 것 같다. 우리가 하는 일은 그런 것이 아니다. 또 그런 식으로 전개될 것이라고 생각하지 않는다"라고 주장했다(유형동, 2024). 인공 일반 지능과 초지능 모두 완벽할 수가 없으므로, 인류는 무조건적 신뢰를 할 수가 없다. 인간이 인공 일반 지능과 초지능에 지배되는 것이 아니라, 모든 사람이 AI 에이전트를 소유·활용하게 될 것이다. 그것이 인공지능의 민주화 또는 보편화다. 이렇게 AI 에이전트는 인공 일반 지능, 초지능, 특이점과 대별되는 인공지능의 주요 개념이다.

참고문헌

유형동(2024.6.29.). “AI로 신을 창조한다고 착각” … 마크 저커버그, 경쟁사 겨냥해 ‘작심 발언’. AI POST. https://www.aipostkorea.com/news/articleView.html?idxno=2645

이경전(2022). AI와의 협업과 AI 공유를 통한 번영. 한국공학한림원 ≪이달의 신기술≫, 12월호, 2-7쪽.

Arrow, K.(1951). *Social choice and individual values.* Wiley.

Bostrom, N.(2014). *Superintelligence: Paths, dangers, strategies.* Oxford University Press. 조성진 옮김(2017). 『슈퍼인텔리전스: 경로, 위험, 전략』. 까치.

Cook, S.(1971). The complexity of theorem-proving procedures. In *Proceedings of the third annual ACM symposium on theory of computing.* ACM.

Gödel, K.(1931). On formally undecidable propositions of principia mathematica and related Systems I. *Monatshefte für mathematik und physik,* 38, pp.173-198.

Hayek, F.(1944). *The road to serfdom.* University of Chicago Press. 김이석 옮김(2018). 『노예의 길』. 자유기업원.

Hayek, F.(1952). *The sensory order: An inquiry into the foundations of theoretical psychology*. University of Chicago Press. 민경국 옮김(2016). 『감각적 질서』. 자유기업원.

Heisenberg, W.(1927). Über den anschaulichen Inhalt der quantentheoretischen Kinematik und Mechanik. *Zeitschrift für physik*, 43(3-4), pp.172-198.

Karp, R.(1972). Reducibility among combinatorial problems. In R. Miller & J. Thatcher(Eds.), *Complexity of computer computations*(pp.85-103). Plenum Press.

Popper, K.(1959). *The logic of scientific discovery*. Hutchinson.

Simon, H.(1997). *Models of bounded rationality: Empirically grounded economic reason*. MIT Press.

Vaswani, A., et al.(2017). Attention is all you need. *arXiv:1706.03762*.

03
AI 에이전트 등장 배경

에이전트 논의를 다시 촉발시킨 초거대 언어 모델의 하나인 챗지피티도 그 작동 방식과 크기를 이해하면 우리가 소유하고 관리하게 될 기계일 뿐이다. 챗지피티의 등장으로 인간이 이제 AI와 대화할 수 있게 되었고, 이렇게 인간과 대화하는 동시에 다른 AI와 대화하면서 주인인 인간의 명령을 수행하는 것이 AI 에이전트다.

AI와 난임 극복?

누구나 소유·관리하게 될 인공지능

챗지피티는 사인(sine), 코사인(cosine) 계산, 숫자끼리 곱하거나 더하거나 빼는 계산, 행렬 계산만 하면 되는 수학적 방법론으로 만들어져 있다. 단지 그 계산량이 엄청나다. GPT 3.5의 경우 변수의 갯수가 1750억 개에 달하고, GPT 4의 경우 6천억 개에서 1조 개 정도로 추정된다. 그래서 초거대 AI라고 부른다.

이 초거대 AI도 잘 따져 보면, 개인용 컴퓨터에 설치 가능한 규모다. 1조 개의 숫자는 4조 바이트, 즉 4테라바이트이므로 시중에 나온 4테라바이트 하드디스크를 가진 PC에 충분히 설치할 수 있는 크기인 것이다(GPT 3.5의 경우는 약 700기가바이트). 물론 이것을 운용할 수 있는 GPU를 개인이 갖추는 것이 아직 어렵고 비싸다. 그러나 현재 세계에서 가장 큰 AI 모델이 지금 일반인이 가질 수 있는 컴퓨터에 설치 정도는 가능하다는 것은 시사점이 크다. AI는 현재 그 규모만 가지고도 어떤 큰 국가나 기업, 조직이 독점할 수 있는 성질의 것이 아니라는 것이다. 즉, 인공지능이 전 세계 사람 누구나 소유할 수 있고 관리할 수 있는 AI 에이전트의 방향으로 갈 수밖에 없다는 것을 시사한다.

초거대 AI라는 말이 주는 위압감이 있지만, 그것은 우리의 개인용 컴퓨터에도 설치 가능한 작은 프로그램일 뿐이다. 이 프로그램은 자판기나 크게 다른 점이 없다. 돈을 넣고 버튼을 누르면 무엇인가가 나오는 자판기처럼 챗지피티는 우리가 단어를 N개 집어넣으면 그에 알맞은 대답으로 N + 1번째 단어, N + 2번째 단어를 순차적으로 뱉어 내다가, 적절해 보이는 시점에 뱉어 내는 것을 중지하도록 되어 있는 기계일 뿐이다.

자판기는 우리를 공격하지 않는다(이경전, 2024). 그렇게 프로그램되어 있지 않으며 그 존재 이유상 그렇게 프로그램을 해야 할 이유도 없다. 물론 자판기가 사람을 해친 경우가 있다. 미국에서 1년에 10명 정도가, 동전을 넣었는데도 상품이 나오지 않자 분노한 끝에 자판기를 마구 흔들다가 육중한 자판기에 깔려 죽는다는 이야기를 들은 일이 있다. 비슷하게, 챗지피티는 사용자를 해치도록 설계되지는 않았지만, 그 사용자가 오남용할 경우 사용자가 피해를 입을 수도 있다. 사용자가 대화형 AI 서비스에 어떤 욕설이나 모독적 발언을 한다 해도 AI는 어떤 피해도 입지 않으나, 사용자는 인격이 피폐해지는 피해를 입을 수 있다.

AI 에이전트와 원활히 대화하게 될 인간

GPT-4와 같은 고성능 AI 프로그램과 대화하다 보면, 정말 이 AI가 생각하는 것 같고, 이해하는 것 같고, 의식이 있는 것 같은 느낌이 들 때가 있지만 그것은 착각이다. 1982년에 난생 처음 컴퓨터를 보았는데, 애플 Ⅱ(Apple Ⅱ) 컴퓨터에 'PRINT'라고 입력한 후 'HELLO'라고 치고 리턴키를 치자 컴퓨터가 'HELLO'라고 대답했던 순간 기계 안에 사람이 들어 있을 것이라 확신했었다. 그러나 베이직(BASIC) 프로그래밍 언어를 배우니, 'PRINT'라는 명령어에 인자(argument) 'HELLO'를 붙인 프롬프트를 입력한 것이었고, 컴퓨터는 문법에 따라 'HELLO'를 출력했을 뿐이었다. 40여 년이 지난 지금도 이 원리는 하나도 변하지 않았다.

우리가 챗지피티에 입력하는 것은 어떤 문자열로 이루어진 프롬프트다. 멀티모달 AI에는 문자열뿐만 아니라 음성, 사운드, 이미지 등도 넣을 수 있다. 이렇게 입력이 들어가면 AI는 가장 그럴듯한 텍스트와 사운드, 이미지, 영상을 출력하는 것이다. 이 입력과 출력 사이에는 트랜스포머라는 모델이 있고, 오픈에이아이의 GPT 시리즈는 트랜스포머 모델 중에서도 디코더(decoder) 모델만을 학습한 것이다. 이 모델을 학습하는 데에 인터넷상에 존재하는 사용 가능한 거의 모든 텍스트를 사용했고, 단어들을 랜덤하게 가린 다음 그 가려진 단어를 맞추도록 학습했다. 사람들이 일일이 정답을 제공하는 노력, 즉 데이터 레이블링(data labeling)을 하지 않아도 되어서 효율적인 학습 방법이 되었고, 기존에 인간이 정답을 제공했던 지도 학습(supervised learning)에 비해 매우 효율적인 방법이 되는데, 이러한 학습 방법을 자기 지도 학습(self-supervised learning)이라고 부른다.

기계가 문장의 문맥을 이해해야 가려진 단어를 맞출 수 있을 텐데, 'attention(주의 집중)'이라는 메커니즘(Bahdanau et al., 2016)을 도입한 트랜스포머는 어텐션 점수를 한꺼번에 계산해 효율성을 극적으로 향상시켰다. 초기에는 예측 결과가 좋지 않겠지만, 학습을 반복해 나감에 따라 가장 적절해 보이는 예측 결과를 출력하도록 계속 학습한다.

이렇게 자기 지도 학습 방법에 의해서 가용한 문서를 가지고 미리 학습한 모델을 사전 학습된(pre-trained) 모델이라고 부를 수 있는데, 오픈에이아이는 문장을 생성하는 사전 학습된 트랜스포머 모델이라는 의미에서 GPT(generative pre-trained transformer)라고 부른다. 오픈에이아이는 GPT-1(Radford et al., 2018), GPT-2

(Radford et al., 2019), GPT-3(Brown et al., 2020), GPT-3.5(2022), GPT-4(2023)로 진화하는 과정에서 재미있는 아이디어를 계속 생산해 나갔는데, 2020년 5월에 발표한 GPT-3는 꽤 좋은 성능을 보여 주기는 했지만 "사람의 발에 눈이 몇 개지?"라는 엉뚱한 물음에 "2개"라고 대답하고, "1600년 미국의 대통령은 누구지?"라는 의도적 질문에 "엘리자베스 1세"라고 대답하는 등 문제점을 보여 주었다. 오픈에이아이는 이를 해결하기 위해 케냐 사람들을 간접적으로 고용한 뒤, 이렇게 잘못 대답한 사례들에 대한 질문과 정답을 쌍으로 하는 데이터들을 축적해 새로 학습했다. 이때 사용한 방법은 강화 학습인데, 잘못 대답했던 질문들의 유형을 인식하는 전략을 효율적으로 학습하도록 한 것이다. 여기에다, 일반 공개를 위해 사용자들의 질문 중 회피하는 것이 바람직하다고 여겨지는 질문들은 회피할 수 있도록 일종의 필터링 기능을 추가해 발표한 것이 GPT 3.5에 기반한 챗지피티인 것이다. 이러한 원리로 만들어진 GPT가 엄청난 성능을 발휘하게 될 것이라고는 연구진들도 예측하지 못했다. 거대한 모델에다가 방대한 문서들을 자기 지도 학습 방법으로 사전 학습시키는 것만으로도 인간의 오만가지 지적 업무를 해내는 일종의 인공 일반 지능 구현이 가능

하다는 것을 발견한 것이다.

GPT-4는 3만2768개의 토큰(영어로 약 2만5000단어, 한국어로 약 2만 단어)을 입력할 수 있는 기계로, 한국인의 경우 약 2만 단어를 입력으로 줄 수 있다는 걸 의미한다. 즉, 인간은 이제 기계와 수만 단어로 대화할 수 있게 된 것이다. 이것은 매우 당황스러운 환경 변화다. 기계와 대화가 가능해지자마자 수만 단어로 대화할 수 있게 되어 오히려 인간이 자신의 능력에 좌절감을 느끼는 상황이 되어 버린 것이다.

인간들은 이러한 상황에 당황하지 않고, 대응하고 있는데, 그것이 프롬프트 엔지니어링이다. 영어 기준으로 2만5000단어로 이루어진 질문을 할 수 있는 상황에서, 인간들은 인간 세계에서 나눌 수 있는 대화의 수준에다가 자동으로 질문을 보완하는 단어들과 명령어를 첨가함으로써 컴퓨터에 더욱 정교한 질문과 명령을 시도하고 있다. 그리고 컴퓨터가 대답한 내용을 자동으로 가공해 인간에게 제공하는 형태로 AI 에이전트 서비스가 출현하고 있는 것이다.

참고문헌

이경전(2024). 자판기는 우리를 공격하지 않는다. ≪타우마제인≫, 2,

40-47쪽.
Bahdanau, D., et al.(2016). Neural machine translation by jointly learning to align and translate. *arXiv:1409.0473.*
Brown, T. B., et al.(2020). Language models are few-shot learners. *arXiv:2005.14165.*
Radford, A., et al.(2018). Improving language understanding by generative pre-training.
https://openai.com/research/language-unsupervised
Radford, A., et al.(2019). Language models are unsupervised multitask learners.
https://cdn.openai.com/better-language-models/language_models_are_unsupervised_multitask_learners.pdf

04
AI 에이전트 구현 방법: 동향과 역사

단순히 대화가 되는 AI가 아닌, 문제 해결과 목표 달성을 위해 체계적으로 작업을 하는 AI 에이전트를 개발하는 원리인 스캐폴딩과 프롬프트 최적화를 설명하고, AI 에이전트를 만드는 도구로서 제안된 것들에 대해 소개한다. 챗지피티 이전의 AI 에이전트 구현 도구의 역사와 함께, 챗지피티 이후의 구현 도구의 동향을 소개한다.

AI와 사주?

AI 에이전트의 가치 창출 논리와 방법

AI 에이전트가 유행이 되다 보니, 대화가 가능하면 모두 에이전트라고 하는 경우가 많이 발견된다. 하지만 대화 소통만을 에이전트의 특징으로 하는 것은 너무 넓은 정의이므로, 사용자의 목표를 받아 여러 작업을 반복적으로 수행하고 필요시 다른 AI 에이전트와도 소통해 문제를 해결하는 형태에 한정할 필요가 있다. 이는 맥킨지나 캡제미니와 같은 컨설팅 회사에서도 비슷하게 정의하고 있다(Yee et al., 2024; Capgemini, 2024).

AI 에이전트 등장의 중요한 근거와 논리를 제공하는 것이 스캐폴딩(scaffolding)이다. 스캐폴딩은 건축 현장의 임시 구조물을 지칭한다. 비계(飛階)라고도 불리는데, 건물을 신축 또는 보수 시 사람이 높은 곳에 안전하게 도달하거나 다른 사물을 지지하기 위해 설치하는 것이다. 교육학에서 스캐폴딩은 초보자가 혼자 할 수 없는 과제를 완성하도록 교수자가 일시적으로 도움을 주는 구조를 의미한다(이경전, 2024).

AI에서의 스캐폴딩은 복잡한 문제 해결을 위해 여러 AI 에이전트가 서로 협력하거나, AI를 필요에 따라 조정해 지원하는 과정을 의미한다(Suzgun & Kalai, 2024). 복잡한 작업이나 문제를 관리하기 쉬운 작은 조각으로 나누어 전문화된 AI 모델에 상세한 자연어 지침과 함께 보내고, 전문가 모델 간의 의사소통을 감독하며, 프로세스 전반에 걸쳐 자체적 비판 · 추론 · 검증 기술을 적용한다. 예를 들어, AI 모델에게 단순히 문제를 해결하라고 요청하는 대신에 한 모델에게는 공격 계획을 세우게 하고, 다른 모델에게는 가능한 해결책을 제시하게 하며, 또 다른 모델에게는 그것을 비판하게 하는 방식이다. 코딩 문제에서는 간단한 스캐폴딩으로 GPT-3.5가 GPT-4보다 우수한 성능을 내는 것을 가능하게 한다. 예를 들어, GPT-4가 약 2%만 해결한 SW 공학 문제에서 스캐폴딩으로 14～23%로 상승했고, 여러 벤치마크에서 5～30배로 성능이 향상되었다(Aschenbrenner, 2024). 기본 모델이 5%, 사후 학습된 GPT-4가 20%의 성능이었을 때, 에이전트 스캐폴딩을 통해 40%로 성능이 향상된 경우도 있었다(Davidson et al., 2023).

어떤 조직에서 일반적인 상식과 지식을 가진 사람을 채용하게 되면, 그 사람에게 조직의 규칙과 전문 지식을 교육시키고 습득시킨 이후에 업무에 투입한다. 그와 마찬가지로, 일반적인 상식과 지식을 어느 정도 갖춘 초거대 언어 모델(large language model, LLM)과 같은 초거대 생성형 AI가 발전한다 하더라도 그 AI 시스템이 특정 조직과 목적을 위해 일할 때는 해당 조직의 규칙을 습득하고 이에 기반해서 일해야 하는데, 이러한 것을 가능하게 하는 과정이 스캐폴딩 등 프롬프트의 최적화 또는 메타 프롬프팅이다.

에이전트를 개발할 때 오로지 초거대 언어 모델만 사용하는 노 코드(no code) 프로그래밍 구현이 가능할 것 같지만, 세상의 복잡한 문제를 해결하는 경우에 상식과 일반 지식만을 가진 초거대 언어 모델의 채용으로 해결되지 않는다는 점을 인식해야 한다(이경전 외, 2024). 더구나 다양한 문제에 대해서 비용과 시간이 많이 드는 초거대 언어 모델 API를 외부에서 일률적으로 부르는 것은 산업 현장 적용에는 비현실적이다. 결국 어떤 초거대 언어 모델을 쓸 것인지, 어떤 초거대 언어 모델 API를 유료로 쓸 것인지, 자체 AI 모델을 직접 개발 · 설치해서 쓸 것인지, RAG(retrieval augmented generation: 사용자 질문에 적합한 데이터를 먼저 뽑아서 초거대 언어 모델에 넣는 방법)는 무엇을 쓰고 어떻게 최적화할 것인지 등 각 프로세스 단위의 최적화를 실험을 통해 채택하고 조합해야 하는 과정이다.

또한, 최적화의 결과가 프롬프트상에서의 절차적 코드 형태로 표현되는 것은 시스템 유지 보수 관점과 에이전트의 특정 작업 지식을 관리한다는 측면에서 모두 비효율적이므로, 프롬프트 엔지니어링 과정에서 코드와 지식을 되도록 분리하는 것도 필요하다.

AI 에이전트 구현 도구의 동향과 역사

오토지피티(autogpt.net)는 오픈에이아이의 GPT들에 기반한 AI 에이전트 구현을 위한 오픈 소스 라이브러리다. 사용자가 자연어로 설정한 목표를 달성하기 위해 필요한 절차를 자동 계획하고 실행한다. 챗지피티와 달리 사용자의 지속적 개입 없이 결과물의 수정과 개선을 목표가 완료될 때까지 자율적으로 반복하며, 달성 시 종료한다. 인터넷에서 수집한 정보를 바탕으로 작업이 가능하며, 장단기 메모리를 관리할 수 있어서 과거의 프롬프트에 기반해 다음 프롬프트를 생성한다. 코드를 생성·실행할 수 있어서 자체 프로그래밍을 개선하고 더 나은 성능을 발휘할 수 있다. 따라서 반복적이고 시간 소모적 작업이 많은 분야에 효과적이다. 유사한 것으로 베비AGI(babyagi.org)와 마이크로소프트 자비스가 있는데(github.com/microsoft/JARVIS), 후자는 허깅 페이스의 모델 설명을 참조해 모델을 선정한다.

라이브러리 형태가 아닌 웹 형태인 도구들도 있다. 에

이전트GPT(agentgpt.reworkd.ai)는 브라우저 기반으로 작동하며, 설치가 필요 없고 초거대 언어 모델을 부르는 API 키도 필요하지 않아서 사용이 간단하다. 배치 스크립트 작성과 실행을 자동으로 처리한다. 갓모드(godmode.space)도 유사한데, 오토지피티와 베비AGI의 자동화 기능을 더 넓은 사용자가 접근 가능하도록 한다. 멀티온(www.multion.ai)은 웹 작업을 자동화하는데 중점을 두며, 디지털 플랫폼들에 AI 에이전트를 탑재할 수 있는 API를 제공한다.

텐센트(Tencent)가 발표한 앱에이전트(AppAgent)는 스마트폰 애플리케이션을 조작할 수 있는 초거대 언어 모델 기반의 멀티모달 에이전트 프레임워크다(Zhang et al., 2023). 멀티모달 상호 작용이 특징으로, 시각과 텍스트 입력을 결합해 스마트폰 앱을 이해하고 상호 작용할 수 있다. 탭핑과 스와이핑 등 스마트폰 앱을 자동 조작할 수 있게 해, 언어 처리 이상의 복잡한 작업을 수행하게 한다. 스크린에이전트(ScreenAgent)는 자동화 정도를 심화시키고, PC 화면을 인식하는 멀티모달 에이전트 프레임워크다(Niu et al., 2024).

멀티 AI 에이전트를 만드는 도구들에는 스페이드(pypi.org/project/spade)와 제이드(jade.tilab.com) 등

의 전통적 프레임워크가 있고, 마이크로소프트의 오토젠(microsoft.github.io/autogen)이 있는데, 다양한 AI 모델과 도구를 사용해 자율적 AI 에이전트가 대화로 문제를 해결하고 조정할 수 있도록 지원한다. 메타지피티(www.deepwisdom.ai/)와 크루에이아이(www.crewai.com)도 유사하며, 페치에이아이(Fetch.ai)의 에이전트버스(agentverse.ai)는 블록체인 기반이 특징이다.

멀티에이전트간의 기본적인 협업과 소통을 위한 프로토콜으로 계약망(contract net) 프로토콜이 있는데, 에이전트들 사이에 작업을 할당하고 수행하는 협상을 돕는다. 에이전트들은 작업 제안을 받고, 가장 적합한 에이전트가 그 작업을 수행하도록 선택되는 형태다. 전자 상거래(Lee et al., 2000), 가상 생산(Lee et al., 2004), 공급체인 관리(Xu et al., 2024) 등에 응용 가능성이 모색되어 왔고, 챗지피티의 등장으로 이제 그 실현이 가까워졌다. FIPA(foundation for intelligent physical agents)(O'Brien & Nicol 1998), KQML(knowledge query and manipulation language)(Finin et al., 1994)과 같은 에이전트 간 교환 메시지의 표준화 작업도 진행되었으나, 이제 초거대 언어 모델의 등장으로 더 이상 이러한 메시지 표준은 만들 필요가 없을 것으로 생각된다. 에이전트 간의 일반적 소통은 인간의 자연어 형태로 진행하고, 특정 분야에서의 전문적이고 반복적인 소통은 해당 분야의 표준이나 관행, 합의로 효율성을 추구하게 될 것으로 예상된다.

참고문헌

이경전(2024.8.2). 이경전의 행복한 AI 읽기 (12) 신과 같은 AI냐, 비서 같은 AI 에이전트냐. ≪주간경향≫, 1589호.

이경전 외(2024). LLM과 RAG에 기반한 대화형 매칭 에이전트 프롬프트 엔지니어링 적용 최적화 사례. ≪2024 춘계 한국지능정보시스템학술대회 논문집≫.

Aschenbrenner, L.(2024). Situational awareness: The decade ahead. Series: Situational Awareness.

Capgemini (2024). Harnessing the value of generative AI 2nd edition: Top use cases across sectors. https://www.capgemini.com/%20wp-content/uploads/2024/05/Final-Web-Version-Report-Gen-AI-in-Organization-Refresh.pdf

Davidson, T., et al.(2023). AI capabilities can be significantly improved without expensive retraining. *arXiv preprint arXiv:2312.07413.*

Finin, T.,et al.(1994). KQML as an agent communication language. In *Proceedings of the 3rd CKIM*(pp.456-463).

Lee, K. J., Chang, Y. S., Lee, J. K.(2000). Time-Bounded Negotiation Framework for Electronic Commerce Agents, *Decision Support Systems 28* (4),319-331, June.

Lee, K., ert al.(2004). A time-bound framework for negotiation and decision making of virtual manufacturing enterprise.

Journal of organizational computing and electronic commerce, 14 (1), pp.27–41

Niu, R., et al.(2024). ScreenAgent: A vision language model-driven computer control agent. *arXiv preprint arXiv:2402.07945.*

O'Brien, P. D., & Nicol, R. C.(1998). FIPA—towards a standard for software agents. *BT technology journal,* 16, pp.51–59.

Suzgun, M., & Kalai, A.(2024). Meta-prompting: Enhancing language models with task-agnostic scaffolding. *arXiv preprint arXiv:2401.12954.*

Xu, L., et al.(2024). On implementing autonomous supply chains: A multi-agent system approach. *Computers in industry,* 161, pp.104–120.

Yee, L., et al.(2024). Agents are the next frontier of generative AI. McKinsey Quarterly. https://www.mckinsey.com/capabilities/mckinsey-digital/our-insights/why-agents-are-the-next-frontier-of-generative-ai

Zhang, C., et al.(2023). AppAgent: Multimodal agents as smartphone users. *arXiv:2312.13771.*

05
AI 에이전트 사회 시나리오

AI 에이전트가 많아질 때 사회가 어떻게 변화할지 빌 게이츠의 전망과 함께 여러 분야의 시나리오로 살펴본다. AI 에이전트가 사람들 간의 소통 방식을 어떻게 바꾸어서, 어떤 새로운 방식의 소셜 미디어, 상거래, 제조, 소비 형태가 발생할 수 있을지 살펴본다.

AI와 아이돌?

MS 창업자 빌 게이츠의 AI 에이전트 비전

빌 게이츠는 미래의 최고 기업은 사람을 대신해 특정한 일을 수행할 수 있는 AI 개인 비서를 만드는 회사가 될 것으로 예측하면서, 여러 웹사이트를 사람이 직접 방문할 필요 없이 AI 에이전트가 모든 것을 알아서 처리할 것으로 예상한다. 단순히 질문에 대답하는 것이 아닌 개인적인 문제에 대한 대화와 조언 등 인간과의 상호 작용을 위해 만들어진 생성형 AI로 개인의 온라인 구매, 예약 등을 돕는 데 최적화된 AI 비서가 나타날 것이라는 것이다(AI타임스, 2024).

빌게이츠는 AI 에이전트가 5년 내에 컴퓨팅을 완전 변경할 것이며, 비즈니스와 사회를 혁신하고, 에이전트가 윈도 · 안드로이드 · iOS와 같은 '플랫폼'으로 자리 잡을 것이라고 예상했다. 구체적으로는, 별개로 흩어져 있던 앱을 사람들이 일일이 찾아다닐 필요가 없어지며, 검색과 광고, SNS, 쇼핑, 생산성 앱 등 비즈니스가 하나로 통합될 것이라고 전망한다. 어떤 하나의 회사가 에이전트 사업을 지배하는 것이 아니라, 사용 가능한 다양한 AI 엔진이 있을 것이라고 예상한다. 이를 가능하도록 하기 위해서는 개인 정보 유지 및 저장을 위한 새로운 방식의 데이터베이스와 사용자 단말(스마트폰이나 앱, 헤드셋 등

장치), 에이전트 간 데이터 소통을 위한 표준 프로토콜, AI의 환각과 편견 등의 문제를 넘어서야 한다고 지적했다. 결국 AI가 단순 컴퓨팅을 넘어 인간의 생활 자체를 혁신할 것이라는 것이다.

빌 게이츠는 1995년에 이미 공저 『미래로 가는 길』을 통해 AI 에이전트에 대해 밝혔는데(Gates et al., 1995), 가장 복잡한 구조를 가졌으면서도 가장 손쉽게 이용할 수 있는 것이 인터넷상에서 사람을 대변할 개별 에이전트일 것이며, 에이전트는 소프트웨어지만 마치 사람을 대하듯 이런저런 형태로 이야기를 나눌 수 있을 것이라고 예상했다. 이는 마치 비서를 보내서 재고를 살피는 것과도 같으며, 에이전트는 인격과 의지를 가지고 있는 것처럼 보이는 필터라고 설명한다. 에이전트의 임무는 사람이 원하는 정보를 찾을 수 있게끔 도움을 주는데, 사용자의 과거 활동을 기억하기 때문에 효과적으로 도울 수 있는 활용 패턴을 찾아낼 수 있을 것으로 예측했다.

이러한 빌 게이츠의 오랜 비전이 현실화될 시점이 이제 가까워졌다.

보이지 않는 손에서 보이는 AI 손으로

2024년 2월 발표된 오픈에이아이의 소라(Sora)는 몇 단어의 명령을 넣으면 1분짜리 동영상을 생성한다. 중국의 클링(Kling)은 2분짜리 영상을 제작하는 서비스를 출시했다. 수노(Suno) AI를 사용하면 몇 초 만에 멋진 노래를 작사·작곡해 불러 주기까지 한다. 가족과 지인의 생일 선물로 자신의 창작곡을 선물하는 시대가 됐다(이경전, 2024.4.15). 현재 생성형 AI는 2년마다 10배 더 많은 픽셀을 생성하는 능력을 갖추는 추세다(x.com/agrimgupta92/status/1790421460043067874). 이대로라면 2030년엔 간단한 명령으로 누구나 2시간짜리 영화를 만들 것이라는 전망이 나온다. 이러한 생성형 AI의 급속한 발전으로 AI 에이전트는 인간에 가까운 언어 및 영상 이해와 생성 능력을 갖추게 되었기에, 이제 AI 에이전트가 본격적으로 산업과 사회에서 논의되고 있는 것이다.

생성형 AI의 진정한 경제적 잠재력은 텍스트, 동영상, 음악과 같은 콘텐츠뿐만 아니라 '거래'를 창출하는 능력에 있다(이경전, 2024.5.27). 생성형 AI가 경제에 활용될 때, AI는 기존 경제 모델을 혁신하게 될 것이다. "주말에 남산 테니스 코트를 예약했는데, 같이 칠 사람이 없네. 연결해 줘", "과메기를 산지에서 직접 판매하는 분 없을까? 연결해 줘", "자석이 붙어 있고, 끈도 달려 있으면서, 테디 베어같이 귀여운 디자인 있는 휴대폰 커버 사고 싶어. 제작하는 분도 괜찮아. 연결해 줘".

이렇게 생성형 AI는 지역 경제 주체 간의 연결과 거래를 창출하고, 동시에 글로벌 경제 주체 간의 연결과 거래 또한 촉진할 것이다. 구매자와 판매자, 제품 제작 의뢰인과 생산자, 서비스 의뢰인과 서비스 용역 제공자 등 각 주체가 필요한 것이나 가지고 있는 자원을 AI에 말한다. 그러면 AI가 실시간으로 가장 적합한 매칭을 찾고 연결해 거래를 생성 · 성사시키는 시대가 곧 올 것으로 예상된다. 기존에는 인터넷이 담당하던 역할을 이제 AI가 대신하고, 더 잘하게 될 것이다.

AI 에이전트 경제는 에이전트가 제품과 서비스 탐색, 구매와 판매 의사 결정, 가격 등 거래 조건 협상, 자원 배분, 생산 의사 결정, 서비스 제공 등 다양한 경제 활동을 자동화하고 최적화하는 체제다. AI 에이전트 경제에서는 거래 비용이 현격히 감소한다. 소비자와 생산자는 각자의 에이전트를 활용해 빠른 정보 처리와 신속한 의사 결정을 하게 되므로, 중간자의 필요성이 줄어들고 직접 거래 체제를 형성할 수 있다.

상거래, 소비, 제조 시나리오

페이스북의 모회사 메타(Meta)의 수석 AI 과학자 얀 르

쿤은 모든 상호 작용이 AI에 의해 이루어질 것이라 예상한다(Levi, 2023). AI가 모든 것을 연결해 주는 시대가 온다는 것이다. 여러 소개팅을 해 봐도 만족스러운 남자 친구를 만나지 못한 어떤 여성이 AI에다 말한다. "난 내 남자 친구가 이런 사람이면 좋겠고, 저렇지는 않았으면 좋겠고, 이런 것은 내가 양보할 수 있어" 등. 그러면 AI가 어떤 남자 친구 후보를 연결해 줄 수도 있다. 남자도 AI에게 미리 이야기를 했어야 한다. "이런 남자 친구를 원하는 여성을 만나면 좋겠어. 이런 것은 싫어하는 여성, 이런 것은 없어도 된다는 여성이면 좋겠어."

사람들이 원하는 것을 서로 잘 찾고, 원하는 사람들끼리 서로 잘 만나게 해 주는 역할을 AI가 하게 될 것이다. 남녀 간의 연결뿐만 아니라 의뢰인이 변호사를 찾거나 환자가 의사와 병원을 찾는 일, 구매자가 판매자와 제조자를, 판매자가 구매자와 제조자를, 제조자가 구매자와 판매자를 찾는 일들에 사용될 것이다. 현재 구인 · 구직은 전문 사이트에서, 남녀 매칭은 데이팅 앱이나 결혼 정보 회사에서 전문적으로 하고 있지만, 경계가 점차 사라질 것이다. 현재 AI 수준으로 충분히 빠른 시간에 대규모의 매칭이 가능하다.

예전에는 어떤 사람이나 사업자에게 연락하려면 전화

번호부에서 전화번호를 찾거나 114에 전화해서 물어보기도 했지만, 최근 이삼십 년은 검색 엔진이 역할을 했다. 예전엔 친구네 집에 가게 되면 사진 앨범을 보면서 이야기를 나누곤 했는데 싸이월드의 미니홈피, 페이스북, 인스타그램 등이 생겨서, 친구 집에 가서 앨범을 보는 느낌을 온라인에서 경험하고 있다. 친구뿐만 아니라 유명인의 일기나 앨범을 보는 즐거움까지 생겼다. 그러다 보면 새로운 사람을 알게 되기도 하고, DM(다이렉트 메시지)을 주고받다가 만나서 친구나 애인이 되기도 하는 것이 지난 수십 년간 디지털 세상이 준 새로운 연결이었다. 이제 챗지피티와 같은 강력한 성능의 AI는 인간들이 서로 만나는 과정을 변화시킬 것이고, AI 기술로 새로운 소셜 미디어가 나오게 될 것이다. Zappy, Talkie, Character.AI 등 AI와 대화하는 서비스 등이 있으나, 아직 이렇다 할 가치를 제공하고 있는 것으로 판단되지는 않는다.

한국에서 인터넷 쇼핑몰이라는 개념이 처음으로 대중에게 선보인 것은 1996년 9월이다. 1994년 7월 아마존이 창업했다. 당시 앞으로 거의 모든 것을 인터넷을 통해 구입하게 될 것이라고 전망하는 사람이 있었지만, 믿지 않는 사람도 많았다. 30여 년이 지난 지금, 앞으로 거의 모든 것은 AI의 도움을 받아 구하게 될 것이라고 전망한다. 오프라인 상점이 온라인 상점으로, 또 모바일 앱을 통한 구매로 전환해 온 것처럼 앞으로는 AI와 대화를 하는 형태로 구매가 일어날 것이다.

30년 전에도 기존의 백화점 등 오프라인 상점이 온라인화돼 잘 적응할 것이라고 예상하는 사람들이 있었지만, 현실은 그렇지 않았다. 아마존, 이베이, 쿠팡 등은 기존의 기업이 디지털로 전환한 경우가 아니라 새로운 비전을 가진 스타트업이 세상을 바꾼 경우다. 한국의 경우도 GS홈쇼핑, 신세계, 이마트 등 오프라인 기업이 디지털 전환을 하기 위해서 안간힘을 썼지만, 자신의 기존 비즈니스 모델을 파괴하는 새로운 모델을 적극적으로 펼치지 못했다. AI 시대도 마찬가지일 것이다. 기존의 아마존, 이베이, 쿠팡은 AI를 사용하기는 하겠지만, 자신의 비즈니스 모델을 혁신하기는 힘들 것이다. 결국 새로운 도전자가 나타나 새로운 방식의 상거래를 창출해 나갈 것이다.

참고문헌

이경전(2024.4.15). 이경전의 행복한 AI 읽기 (7) 커버곡도 카툰도 만드는 '팔방미인 AI'. ≪주간경향≫, 1573호.

이경전(2024.5.27). [이경전의 AI와 비즈니스 모델] 거래를 창출하는 '보이지 않는 손' 생성 AI. ≪한국경제≫, A33면.

AI타임스(2024.11.11). 빌 게이츠 "AI 에이전트가 5년 내 컴퓨팅 완전 변경 … 비즈니스·사회까지 혁신".
https://www.aitimes.com/news/articleView.html?idxno=155107

Gates, B., et al.(1995). The road ahead, Viking Penguin, 이규행 옮김(1995). 『미래로 가는 길』. 삼성출판사.

Levi, S.(2023). How not to be stupid about AI. with Yann LeCun.
https://www.wired.com/story/artificial-intelligence-meta-yann-lecun-interview/

06

인간과 AI 에이전트 간의 바람직한 상호 작용

인간과 기계의 상호 작용 방식이 어떻게 변화할지, AI 에이전트가 많아질 때 개인들이 어떠한 욕구를 가지며 그러한 욕구를 어떻게 해결하는 에이전트 서비스가 나타날지 생각해 본다. 특히, 연합 학습 기술과 그 응용을 소개한다.

AI와 야구?

인간 기계 상호 작용의 혁명 챗지피티

2022년 11월 30일에 출시된 챗지피티는 인간 기계 상호 작용에 혁명을 불러왔다. 인간이 기계와 어느 정도 대화를 할 수 있게 된 것이다. 물론 아직은 불완전하나, 인류 역사상 최초로 기계와 인간 중심의 상호 작용이 가능하게 된 것이다. 여전히 사용하고 있는 키보드는 인간보다는 기계를 위한 인터페이스다. 인간이 키보드에 익숙해져야만 사용할 수 있는 것이다. 이후 마우스가 나왔고, GUI(graphic user interface)로 컴퓨터와 인간이 상호 작용하게 되었다. 파일을 지우기 위해서는 마우스로 파일의 아이콘을 끌어다가 휴지통 모양의 아이콘으로 보내면 지울 수 있게 되었다. 그러면 휴지통이 불룩해졌다. 지운 파일을 다시 살리고 싶으면 불룩해진 휴지통 아이콘을 마우스로 클릭해 다시 살릴 수 있었고, 불룩했던 휴지통은 다시 홀쭉해졌다. 애플의 매킨토시가 처음으로 그러한 모습을 선보였다. 인간은 그림(그래픽)으로 컴퓨터와 상호 작용할 수 있게 되었다.

그래픽 사용자 인터페이스에 터치스크린이 응용되면서, 인간은 기계의 화면을 직접 만지면서 상호 작용하게 되었다. 터치(touch) 인터페이스의 시작이었다. 전조는 여러 번 있었으나, 애플의 아이폰(iPhone)이 완전히 대중화시켰다. 사람들은 스마트폰 화면을 너무 많이 터치하는 바람에 지문이 닳아 없어질 지경이다. 스마트폰 사용을 위한 골무까지 나오고 있는 상황이다.

터치스크린에 기반한 인간-기계 상호 작용에 이어 다음의 상호 작용 기술은 무엇일까? NFC(near field communication)기술도 나왔고, BLE(bluetootch for low energy)기술도 나왔다(이경전 · 전정호, 2018). 그러나 키보드-마우스-터치스크린으로 이어지는 주류적 변화를 가지고 오지는 못했다. 컴퓨터와 대화로 상호 작용한다는 아이디어는 오랜 기간 동안 시도되어 왔고, 영화 〈그녀(HER)〉나 〈아이언맨(Iron Man)〉의 'JARVIS'로 예고되어 왔으나 좀처럼 실현되지 못하고 있었다. 스티브 잡스는 애플의 아이폰 4S에 시리(Siri)를 도입했으나, 사람들은 대화로 아이폰과 상호 작용하는 것으로 옮겨 가지 못했다. 구글 역시 안드로이드에 어시스턴트를 도입했으나, 시리와 마찬가지의 결과를 가져왔다. 그런 과정에 오픈에이아이의 챗지피티가 이 모든 것을 바꿔 놓게 되었다.

챗지피티는 앞으로 어떻게 발전할까? 참고로 챗지피티를 개발한 오픈에이아이가 제시한 초지능으로 가는 5단계(Robison, 2024)를 소개하면, 1단계는 GPT-4로 대표되는 대화형 AI, 2단계는 박사학위자 수준으로 기초적 문제를 해결하는 AI(예: GPT-5), 4단계는 질병과 같은 문제를 해결하는 AI, 5단계는 사람들로 구성된 조직이 하는 일을 수행하는 AI다. AI 에이전트는 3단계로, 사람 대신 행동을 수행하는 AI의 단계에 해당한다. 한편, 오픈에이아이의 경쟁사라고 할 수 있는 구글의 딥마인드는 인공 일반 지능으로 가는 5단계의 경로를 인간-AI 간 상호 작용의 관점에서 제시하는데(Morris et al., 2023), 인간이 모든 일을 하는 0단계, 인간이 AI를 도구로만 사용하는 1단계, AI가 컨설턴트가 되는 2단계, AI가 협력자가 되는 3단계, AI가 전문가가 되는 4단계, AI가 완전히 자율적으로 행동하는 에이전트가 되는 5단계로 설명하고 있다.

오픈에이아이가 초지능으로 가는 5단계에서 박사학위자 수준보다 더 발전해 사람 대신 행동을 하는 3단계를 AI 에이전트로 보는 반면, 딥마인드는 인공 일반 지능으로 가는 5단계의 최종 단계를 AI 에이전트로 보는 차이를 보여 준다는 것이 흥미로우나, 양사 모두 AI 에이전트를 챗지피티 이후의 AI 발전 단계로 본다는 공통점이 있다고 할 수 있다.

AI 에이전트와의 바람직한 상호 작용

인간과 인간의 대화를 상상해 보자. 오늘 당신이 다른 사람들과 나눈 대화는 모두 다른 사람에게 공개되어도 되는가? 그렇지 않을 것이다. 우리가 나눈 대화가 언젠가는 다 공개되어야 할 내용이라면, 좀처럼 대화를 하지 않고 입을 다물게 될 것이다. 인간과 컴퓨터 간 대화도 마찬가지다. 그 대화가 사적이려면, 그 대화 상대인 컴퓨터가 클라우드 서버에 있지 않고 내 스마트폰이나 컴퓨터에 설치되어 있는 AI 시스템이어야 하는데, 이것은 불가능한 일이 아니다.

사실 현재 챗지피티 수준의 AI 시스템은 몇 년 이내에 충분히 우리의 컴퓨터에 설치될 수 있는 수준의 것이다. 메타의 LLaMA(Touvron et al., 2023)와 같은 이른바 오픈 소스 초거대 언어 모델은 일반 사용자의 컴퓨터나 스마트폰에 설치해 사용하는 인공지능 비즈니스 모델을 추구한다. 현재의 클로즈드 소스(closed source) LLM이 몇 년 후 설치형으로 컴팩트화될 수도 있고, 오픈 소스(open source) s-LLM이 충분한 성능을 보여 주면서 설치형으로 정착할 수도 있다.

이러한 상황에서 각 인공지능 에이전트는 어떻게 자신의 성능을 높일 것인가? 그것을 가능하게 하는 기술이 연합 학습(federated learning)이다. 모든 개인은 사생활 보호를 위해 로컬에 있는 인공지능 에이전트와 대화를 할 것이고, 이 과정에서 진행된 대화는 에이전트들의 지능 향상을 위해 학습 데이터로 활용될 수 있다. 그러나 그 대화 데이터가 한곳에 모여서 저장되면 프라이버시 침해와 데이터 자산의 공개, 고객 정보의 유출 등 여러 문제가 발생할 수 있다. 이러한 문제에서 벗어나려면 사용자와 인공지능 에이전트 사이의 대화는 로컬 컴퓨터를 떠나지 않으면서 인공지능 에이전트 공급사 또는 플랫폼사가 AI 모델을 사용자 로컬 컴퓨터에 보내서 로컬에서 학습을 시킨 후 그 학습된 파라미터를 가중 평균해 글로벌한 인공지능 모델을 구축하는, 이른바 개인화된(personalized) 연합 학습 형태로 진행할 수 있다(Tan et al., 2022). 이렇게 할 경우 사용자는 자신의 대화 데이터를 노출하지 않을 수 있게 되므로 프라이버시와 보안성이 강화되고, 자신의 데이터를 플랫폼에 빼앗기지 않을 수 있으므로 사용자와 플랫폼 간의 데이터 소유 불균형이 더 심해지지 않아 생태계의 지속 가능성과 강건성을 높이게 될 것이다. 또한 이렇게 되면 이른바 모델 중심의 AI가 아닌 데이터 중심(data-centric)의 AI를 하게 되며, 데이터 부족과 AI 전문가 부족에 시달리는 개인이나 소상공인, 개인 사업자, 중소기업에게는 희소식이 될 것이다. 즉, 연합 학습 기술은 디지털 디바이드, AI 디바이드, 데이터 갭을 줄여서 디지털 AI 생태계의 지속 가능성을 높이는 데 기여한다. 또한 개인은 자신의 데이터에 특별히 파인 튜닝(fine tuning)된 로컬 AI 모델을 가질 수도 있게 되므로 AI 모델이 획일적이지 않게 되어서 디지털 생태계가 AI 모델의 다양성을 가지게 되고, 개인과 플랫폼 간의 데이터 보유에 균형이 생겨서 개인을 임파워링(empowering)하는 결과에 기여하게 된다. 이렇게 초거대 언어 모델을 연합 학습과 결합하는 시도는 텐센트(Tencent)의 위뱅크(WeBank)가 계속 개발해 온 연합 학습 프레임워크인 FATE(fate.fedai.org)에 초거대 언어 모델을 결합하는 시도가 있고, DynamoAI(dynamo.ai/), FedML(fedml.ai) 등의 회사가 있다.

연합 학습 방법론은 인간과 컴퓨터 간의 상호 작용 데이터에도 활용되지만, 인간이 생성하는 모든 데이터에도 적용되어야 할 것이다. 인간의 몸은 순간순간 계속 데이터를 산출하고 있다. 독점 플랫폼 중심의 사고방식에서는 이러한 모든 인간 데이터가 플랫폼에 저장되는 것을 가정한다. 그러나 이러한 것은 인간 중심, 사용자 중심의 방법이 아니라 독점 플랫폼 중심의 방법이다. 대부

분의 헬스케어 서비스 플랫폼도 사용자, 환자, 고객의 모든 생체 데이터를 자신의 서버에서 관리한다는 패러다임에서 벗어나지 못하고 있다. 이는 연합 학습 방법론이 2016년 구글에 의해서 지원되고 개발(Konečný et al., 2016; McMahan et al., 2017)되기 이전이라면 어쩔 수 없는 일이다. 그러나 이제는 이미 연합 학습 방법론이 나왔고, 그 응용이 계속 ≪네이처(Nature)≫ 등의 세계적 학술지에 보고되고 있는 현실을 볼 때(Bai et al., 2021), 독점 플랫폼은 좀 더 민주적인 방법론에 의해 대체되어, 개인의 데이터들은 개인의 소유와 관리에 둘 수 있어야 할 것이다.

우리는 이제 랩탑 컴퓨터나 스마트폰에 장착된 AI와 사적인 대화를 하는 행복을 누릴 수 있게 되었다. 모든 서비스의 형태는 에이전트 기반의 서비스가 될 것이다. 즉, 인간은 자신의 AI 에이전트와 사적인 대화를 통한 상호 작용을 하고, 그 AI 에이전트는 주인인 나 대신에 여러 다른 AI 에이전트와 사적 · 공적 대화를 통한 상호 작용을 하게 될 것이다.

인간이 인간 중심으로, 유연하면서도 지속 가능하게 기계와 상호 작용한다는 것은 이상과도 같은 것이었다. 이제는 인간 사용자와 조직의 데이터를 보호하는 동시에 AI 성과를 높이는, 연합 학습과 같은 방법론으로 그 이상을 실현할 수 있는 길이 열렸다.

참고문헌

이경전·전정호(2018). 『버튼 터치 하트』. 더난출판사.

Bai, X., et al.(2021). Advancing COVID-19 diagnosis with privacy-preserving collaboration in artificial intelligence. *Nature machine intelligence,* 3, pp.1081-1089.

Konečný, J., et al.(2016). Federated learning: Strategies for improving communication efficiency. *arXiv:1610.05492.*

McMahan, H., et al.(2017). Communication-efficient learning of deep networks from decentralized data, *Proceedings of the 20th International Conference on Artificial Intelligence and Statistics.* JMLR: W&CP

Morris, M., et al.(2023). Levels of AGI: Operationalizing progress on the path to AGI. *arXivpreprint arXiv:2311.02462.*

Robison, K.(2024). Here's how OpenAI will determine how powerful its AI systems are. https://www.theverge.com/2024/7/11/24196746/heres-how-openai-will-determine-how-powerful-its-ai-systems-are

Tan, A., et al.(2022). Towards personalized federated learning. *IEEE Transactions on neural networks and learning systems,* 34(12), pp.9587-9603.

Touvron, H., et al.(2023). LLaMA: Open and efficient foundation Language models. *arXiv:2302.13971.*

07
일반 매칭 지능과 매칭 에이전트

사람과 AI 에이전트들을 서로 연결해 주는 매칭 에이전트를 소개한다. 일반 매칭 지능(general matching intelligence) 연구 개발 사례를 소개한다. 노벨 경제학상을 수상한 앨빈 로스가 어떤 매칭 문제를 대상으로 했는지도 소개하면서, 매칭 AI 에이전트의 미래를 소개한다.

AI와 윤동주?

일반 매칭 지능과 일반 매칭 엔진

AI 에이전트 기반 경제에서는 모든 경제 주체가 자체 AI 에이전트를 운영하며, 에이전트들은 매칭 · 협상 · 모니터링 에이전트들과 소통하고 협업한다. 일반 매칭 지능(general matching intelligence, GMI)이 등장해 애덤 스미스의 '보이지 않는 손' 역할을 하면서 사람과 사람, 사람과 AI, AI와 AI를 연결하는 시대가 눈앞에 왔다. 하나의 일반적인 매칭 엔진을 잘 꾸려 놓을 수만 있다면, 인류는 그 엔진을 세상의 여러 분야와 세계 각 곳에 적용할 수 있을 것이다.

데이팅을 위한 매칭, 의사 · 환자 매칭, 변호사 · 의뢰인 매칭 등 모든 매칭은 둘 이상의 주체가 필요하다. 예를 들어, 골프를 위한 매칭은 네 명이 꼭 채워져야 하는 경우도 있고 세 명을 한 조로 만드는 것도 가능하다. 테니스 복식 조를 구성하는 매칭은 네 명이 필요하다.

그 주체는 판매자와 구매자처럼 서로 상반된 입장에 있는 경우도 있지만, 골프나 테니스 조를 구성하는 경우처럼 같은 입장에 있는 사람들끼리의 매칭도 가능하다. 따라서 일반 매칭 엔진을 만들기 위해서는 불필요한, 구체적인 가정을 하지 않는 것이 필요하다. 그래서 주체를 판매자, 구매자, 남자, 여자, 이런 식으로 정의하지 않고,

그냥 에이전트로 정의할 필요가 있다. 지금까지의 많은 웹사이트나 앱 등은 사람만을 회원으로 받아들이기 위해 캡챠(CAPTCHA) 같은 절차를 두어 왔으나, 에이전트 경제 체제에서는 많은 경제 주체들이 사람들로부터 위임을 받은 AI 에이전트가 될 것이므로 어떤 서비스들은 사람이 아니어도 회원 가입이 되고 입장이 되도록 하게 될 것이다. 그래서 일반 매칭 엔진의 주체는 처음부터 에이전트로 정의하는 것이 확장성이 있다. 각 에이전트는 일반 매칭 엔진과 대화를 한다. 자기는 누구며, 무엇을 원하거나 필요로 하는지, 자기는 무엇을 제공할 수 있는지 대화로 표시한다. 그 에이전트는 인간일 수도 있고 AI일 수도 있다. 사실 상관이 없다. 그 에이전트가 하는 대화는 그저 일상적인 대화일 수도 있고, 자신이 무엇을 원하니 그것을 충족시켜 달라는 요구(request)일 수도 있고, 자신은 상대방에게 무엇을 제공할 수 있는지 자원(resource)을 표현할 수도 있다. 그리고 이러한 대화에는 요구와 자원이 섞여서 표현될 수도 있다. 일반 매칭 엔진은 이러한 에이전트들과 대화를 하고 있다가, 적절한 순간에 매칭을 시도해 당사자 에이전트에게 매칭의 결과를 알려주는 기능을 하게 된다.

매칭 에이전트

이렇게 매칭을 전문으로 하며 모든 분야의 매칭을 포괄하는 것을 목표로 하는 일반 매칭 지능 엔진은 세계의 마담뚜 역할을 하게 된다. 세상에 많이 존재할 특정 분야(직업, 결혼, 장기 교환, 진학 상담 등)의 매칭 에이전트들은 일반 매칭 지능을 계속 갈고 닦고 있는 일반 매칭 엔진과 소통하면서 매칭을 해 준다. 이런 전문 매칭 에이전트들은 회원이 판매자, 구매자 등으로 특정될 수 있다. 예를 들어, 구인 구직 매칭 에이전트에서 회원들은 구직자의 입장 또는 구인자의 입장을 구분해서 가입해 활동할 수 있다. 이렇게 일반 매칭 엔진과 매칭 에이전트가 구분될 수 있다. 그러나 그 기술 구조는 유사할 수 있다. 이 둘은 서로 소통하면서 서로를 참조, 복사, 확장, 진화하며 발전할 것이다.

매칭 시스템의 일종인 매칭 에이전트는 챗지피티로 대표되는 초거대 언어 모델의 발전으로 그 개발 장벽과 사용자의 문턱이 동시에 낮아졌다. 기존의 매칭 시스템은 자연어를 사용한 것이 아니라 문제 정의를 수학적으로 하고, 이를 특정 분야(domain specific) 매칭 알고리듬으로 문제를 해결하므로 개발하기도 어렵고 사용하기도 어려웠다. 안정적 배분을 위한 이론과 시장 설계 실행

방법을 개발한 업적으로 2012년 노벨 경제학상을 수상한 로이드 섀플리와 앨빈 로스의 연구가 대표적이다. 스웨덴 왕립과학원 노벨위원회는 학생과 학교, 장기 기증자와 환자와 같은 두 주체를 가장 효과적으로 연결하는 방법을 연구한 공로를 인정했다. 섀플리는 게임 이론을 활용해 다양한 매칭 방법을 연구한 끝에 모든 상대방이 만족스러운 결과를 얻게 하는 방법을 고안했고, 앨빈 로스는 이 이론을 신장 이식 분야에 적용해 많은 생명을 구했다. 로스는 병원 · 의사와 대학교 · 입학 지원자 매칭 시스템을 개발했으며, 관련 AI 에이전트에 관한 논문도 ≪AI Magazine≫에 게재했다(Ockenfels & Roth, 2002).

매칭 에이전트는 기존의 특정 분야 매칭 시스템과 달리, 개발자나 사용자가 수학적으로 문제를 정의할 필요 없이 그냥 보통의 언어로 참여 에이전트들이 이야기한다. 그러면 매칭 에이전트와 연결되어 있는 초거대 언어 모델이 이를 해석해, 이 사용자들과 연결되었을 때 가장 좋을 만한 상대방을 찾아서 제시하는 형태다. 매칭 에이전트는 사용자들이 말로 한 내용들을 필요에 맞게 저장하고, 이를 RAG 기법을 사용해 추출한다. 이것을 단계적으로 설명해 보면 다음과 같다.

1) 사용자들의 요구 사항, 자원, 상황 등이 담긴 대화

가 매칭 에이전트로 들어와 수집・저장된다.

2) 어떤 사용자 A의 대화가, 매칭을 지금 요구하는 것으로 판단될 때, 후보 사용자와 그 대화를 추출할 수 있도록 검색문을 적절히 생성해 RAG를 수행한다.

3) 추출된 여러 사용자과 그들의 대화 중에서 현재 매칭을 요구하는 사용자와 가장 잘 맞는 사용자 B를 찾았다면, B를 사용자 A에게 제시한다. B가 그동안의 대화를 검토해 B의 관점에서도 A가 가장 적합한 상대방인지 검토한다. 만약 사용자가 제안을 수용할 경우, 사용자의 요구 사항이 다 충족되는지 검토한다. 여전히 매칭해야 할 주체가 있다면, 사용자 A에게 B를 제시한 상황에서 2)번 절차를 반복한다. 만약, 적절한 매칭을 찾지 못할 경우 차선이 될 수 있는 매칭 대화를 연결해 주되 차선임을 알리는 답변도 함께 생성할 수 있다. 그럼에도 적절한 매칭이 어려운 경우에는 매칭되지 못했음을 안내하고, 다른 매칭으로 재시도해 달라는 답변을 생성한다.

매칭 에이전트 개발의 최적화 과정

모든 에이전트 개발은 최적화 과정이다. 비용과 성능을 동시에 최적화하는 것이다(Kapoor et al. 2024). 매칭에이전트의 경우는 초거대 언어 모델과 RAG 기술을 최적화한 프롬프트 엔지니어링이 필요하다. 매칭의 성능을 높이기 위해 RAG 검색문을 다양화할 수 있다(이경전 외, 2024). 형태소 단위로 나누어 검색하고, 사용자 문장으로부터 명사를 추출해 일반 텍스트 검색도 한다. 전통적인 키워드 검색 방식을 사용할 경우에 더 잘 검색되는 대화들이 있기 때문이다. 가령, "제가 쓰던 축구공 팔아요"라는 대화는 RAG 시 '축구공'보다 '팔아요'라는 의미에 더욱 집중해 어떠한 제품을 판매하는 대화들을 추출하지만, 형태소 단위로 분리 시 '축구공'과 더 관련된 문장을 추출한다. 또한, 단순히 타 사용자를 출력해 달라고 하는 것보다 매칭 이유까지 출력하도록 할 때, 사용자가 원하는 물건과 타 사용자가 판매 중인 물건을 함께 출력해 보라고 할 때 성능이 좋았다.

매칭 시 응답 속도를 높이는 방법으로, 유사 대화들과 사용자의 입력 대화를 프롬프트에 넣고 매칭을 요청하는 과정에서 매칭된 상대의 활동명만을 먼저 출력한 뒤 답변을 생성하는 '필터링' 방법이 초거대 언어 모델 응답 속도를 향상시켜 인공지능 시스템의 효율성과 사용자 경험을 개선하는 데 기여할 수 있음을 확인했다. 이러한 매칭 알고리듬과 이에 기반한 매칭 에이전트 서비스를 개발하는 과정은 다양한 초거대 언어 모델 대안을 속도와 비용, 매칭 성과를 고려해 최선의 조합을 취사선택하고 RAG 성과를 최대화하기 위한 알고리듬 실험 과정을 필요로 한다. 실험 결과로 나온 지식들은 프롬프트로 반영되며, 그것은 절차적 알고리듬의 형태로 표현되기보다는 초거대 언어 모델에게 명령하는 프롬프트에 선언적으로 반영되어, 매칭 알고리듬에서의 코드와 지식의 독립성을 높이게 된다.

매칭 에이전트는 거래 상대방을 찾는 것을 넘어 둘 간의 채팅, 만남, 거래 완결까지 진행할 필요도 있다. 이 과정을 완전히 대화형 인터페이스로 구현할 수도 있겠지만, 결제 등의 프로세스는 사용자의 명확한 의사 표시와 행동에 근거할 필요가 있으므로 과도기적으로는 대화형이 아닌 사용자 클릭 등의 GUI로 개발하게 된다. 하지만 점차 사용자의 의도 파악 알고리듬이 경량화 · 내재화되어 비용과 처리 시간이 최소화되는 동시에 정확성을 담보하게 된다면 완전한 대화형 서비스로 구현하게 될 것이다. 나아가, 다양한 도메인을 위한 구매자와 판매자 구분 없는 실시간 양방향 매칭, 개인 간 매칭에서의 미래 예측과 이중 확인 매칭 강화, 가격 협상(Smith, 1998) 및 흥정을 위한 구매자 에이전트(buyer agent) 기능 도입으로 만족도 제고, 매칭에서의 거짓과 사기를 방지하기 위한 경찰 AI 에이전트(police AI agent) 도입으로 안전한 매칭 환경을 조성하는 등의 연구 개발이 필요하다.

참고문헌

이경전 외(2024). LLM과 RAG에 기반한 대화형 매칭 에이전트 프롬프트 엔지니어링 적용 최적화 사례. ≪2024 춘계 한국지능정보시스템학술대회 논문집≫.

Kapoor, S., et al.(2024). AI Agents that matter. *arXiv preprint arXiv:2407.01502.*

Ockenfels, A., & Roth, A.(2002). The timing of bids in internet auctions: Market design, bidder behavior, and artificial agents. *AI magazine*, 23(3), pp.79-87.

Smith, K.(1998). *Kasbah@ MIT: A real-world agent mediated electronic marketplace.* Doctoral dissertation, Massachusetts Institute of Technology.

08
플랫폼 경제와 AI 에이전트 경제

지난 30여 년간 형성된 플랫폼 경제 체제가 어떤 기여를 한 동시에 개혁해야 할 문제를 가지고 있는지 설명하고, AI 에이전트로 어떻게 플랫폼 경제가 변화하고 해체될 것인지 설명한다. AI 에이전트로 인한 경제 체제의 변화를 설명한다.

AI와 한의학?

플랫폼 경제의 문제점

기차역에 있는 플랫폼은 기차가 도착하면 타고 있던 승객이 내리거나 기다리던 승객이 기차에 탑승해 떠나는 곳이다. 플랫폼을 만들어 놓으면, 그곳을 이용할 기차와 그곳을 이용할 승객이 만난다. 열차는 시간을 지켜 출발하고 도착해야 하며, 승객은 표를 구입하고 승차해야 한다. 역과 기차의 직원은 승객의 행동을 점검하는 동시에 승객이 불만을 표시하지 않도록 환경을 청결하게 유지하고, 정시에 승객이 목적지에 잘 도착할 수 있도록 협력한다(이경전, 2024.7.15).

상거래 플랫폼에서 제품 판매자, 택배사, 플랫폼 회사가 협력하는 것과 유사하다. 플랫폼은 판매자, 구매자, 배달 업자들을 한곳에 모아 관리함으로써 구매자가 판매자를 찾는 비용, 판매자가 구매자를 찾는 비용, 판매자가 택배사를 찾는 거래 비용도 줄인다. 비용을 줄인 만큼의 가치를 수익으로 가져가게 된다. 처음엔 사회적 가치를 창출하므로 구매자와 판매자 모두에게 칭찬을 받지만, 구매자가 많은 플랫폼에 판매자가 몰리고 판매자가 많은 플랫폼에 구매자가 몰리는 네트워크 효과가 작동함에 따라 1등 플랫폼만이 살아남는 승자 독식의 문제가 나타난다. 이러면 판매자나 배달 업자들은 사업이 플랫폼에 종

속돼 수수료 인상을 피할 방법이 없어진다. 이러한 수수료 인상은 구매자에게 비용으로 전가되고, 구매자 역시 독점 플랫폼을 피할 방법이 없어지게 된다. 플랫폼은 초기에는 거래 비용 감소에 크게 기여했으나, 데이터와 고객 접점을 독점해 빈부 격차를 심화한다는 비판을 받는다. 현재의 플랫폼 경제는 중앙 집중식 통제라 중소기업과 소상공인, 개인 사업자들이 플랫폼을 통해서만 고객에게 도달할 수 있다. 따라서 소상공인과 개인의 협상력을 떨어뜨리고, 경제적 격차를 키우는 원인이 되고 있다.

보이지 않는 손으로서의 AI가 최소한의 운영비만을 받는 새로운 시장 메커니즘이 나타나게 된다면, 새로운 기회를 엿보는 판매자가 시장에 등장할 것이고 잠재적 구매자는 이 시장에서 자원을 획득할 것이다. AI 에이전트가 곳곳에서 나타나게 되면서 플랫폼 경제는 점차 AI 에이전트 경제로 변화할 것이고, 플랫폼의 '갑질'은 AI 에이전트의 '봉사'로 전환될 것이다(이경전, 2024.1.11). 플랫폼이 시장 지배력을 남용할 수 있는 반면에 AI 에이전트는 소비자와 생산자 각각의 관점에서 서비스를 제공할 수 있기 때문이다.

그 결과 빅테크 플랫폼에 집중되었던 데이터는 사용자와 에이전트에 분산된다. 이 과정에서 데이터 전문 은

행처럼 데이터 소유권을 관리하는 새로운 제도와 기구가 필요할 수 있다. 독점적 플랫폼은 힘을 잃고 소비자와 생산자에게 더 도움이 되는 AI 에이전트를 제공하는 혁신 기업이 성장하게 될 것이다. 결국 사람들은 자신에게 더 도움이 되는 AI 에이전트를 고용하는 형태로 경제 활동을 할 것이다. AI 에이전트 기반의 상거래는 맞춤형 생산과 서비스의 효율적 운영을 가능하게 해 전통적인 온라인 상점을 대체할 수 있다. 오프라인의 역할을 온라인이 대체해 나가는 것처럼, 이제 기존의 온라인은 AI 에이전트로 대체될 것이다.

AI 에이전트 경제는 빈부 격차를 줄이는 데에도 기여할 것이다. AI 에이전트 경제 체제는 생산자들이 고객 접점을 안정적으로 유지하면서도 소비자를 위한 생산에 주의를 집중하도록 하고, 에이전트 간 지속적 조정을 통해 재고를 줄일 수 있다. 소비자는 최적화한 소비를 통해 복지를 증진하고, 낭비 없는 소비로 환경을 보호하고 지속 가능성을 키울 것이며, AI 활용을 통해 시간적으로 더 여유로운 생활을 하게 될 것이다.

AI 에이전트 경제로의 변화

AI 에이전트들은 AI 에이전트 플랫폼과 연결될 수도 있는데, AI 에이전트 플랫폼은 가입자들이 사람들뿐만 아니라 AI 에이전트가 될 것이라는 점이 특이하다. 진짜 사람들은 자신의 사적인 AI 에이전트들과 대화한다. AI 에이전트는 주인의 상태를 대화와 센서로 감지하면서 이를 기반으로 다른 AI 에이전트와 대화를 통해 교통수단을 예약하기도 하고, 서비스와 제품을 주문한다. 사업자들은 자기를 대표하는 AI 또는 사람 에이전트가 여러 다른 AI나 사람 에이전트와 소통하면서 영업을 하게 한다.

앱 에이전트(Zhang et al., 2023)와 같은 멀티모달 AI 에이전트 개발 도구를 사용하면 카카오택시나 우티, 아이엠 등 여러 택시 앱을 호출하는 AI 에이전트를 구현할 수 있다(이경전, 2024.7.15). 사용자가 가고 싶은 곳을 말하면, AI 에이전트가 택시 앱들을 열어 동시에 택시를 호출한다. 그중에서 먼저 택시가 잡히면, 아직 택시를 잡지 못한 앱들의 호출은 취소한다. 동시에 두 개 이상이 잡혔으면 가장 조건이 좋은 택시를 선택하고 나머지는 취소할 수 있다. 이렇게 AI 에이전트는 플랫폼 간의 경쟁을 유도할 수 있다. 강력한 AI의 등장으로 플랫폼 경제는 AI 에이전트 경제로 급격히 이동할 것이다.

현 플랫폼 경제를 AI 에이전트 경제가 대체할 것이다. 플랫폼 경제가 사업자 · 소비자의 접점을 플랫폼이 독점

하는 중앙 집중화한 구조라면, AI 에이전트 경제에서는 개별 에이전트가 독립적으로 행동하며 전체 경제 시스템의 효율성을 증대할 수 있기 때문에 플랫폼의 독점력이 해체된다. 기존 플랫폼 규제에 골몰하기보다는 새로운 가치를 창출하고 경쟁과 혁신을 강화하며, 기존 플랫폼의 독점을 자연스럽게 해체하는 AI 에이전트 경제 육성으로 초점을 전환해야 한다.

민간과 정부는 다가오는 AI 에이전트 경제를 잘 준비해야 한다. 더 부강한 국가와 더 번영하는 경제를 구축하는 동시에, 빈부 격차를 줄이고 시민의 복지를 향상하는 지속 가능한 사회의 도래를 AI 에이전트 기술의 효과적 적용으로 앞당길 수 있다.

어떤 사회 문제를 해결하기 위해서 무조건 투입을 늘리거나, 수요를 억제하거나, 무언가를 새로 만드는 것도 중요하지만, 기존 시스템에 비효율성은 없는지 그리고 잘 작동하지 않는 이유는 무엇인지 끊임없이 고민하고 시장 설계 개선에 나설 필요가 있다(이경전, 2024.3.25). 정책은 언제나 위험한 사회적 실험이다. 정책가는 현재 상태가 최선의 균형일 수 있다고 생각하며 긴장해야 한다. 무리한 정책은 구성원의 노력으로 아슬아슬하게 유지하고 있는 균형을 폭력적으로 깨뜨려서 기대하던 목표는 달성하지 못한 채 애꿎은 피해자만 양산할 수 있다.

사회 각종 부문에서 수요와 공급을 매칭하고 안정적인 균형을 이룰 수 있는 메커니즘은 분명히 있다. 새로운 연결 기술과 이에 기반한 매칭 시스템은 새로운 대안을 제공해 경제적 효율을 높이고 개인과 사회의 복지를 증진한다. 지난 30년간 인터넷과 플랫폼이 그랬고, 이제는 알고리듬과 AI 에이전트가 그 역할을 하는 시대다.

연결은 새로운 거래를 발생시켜 경제를 활성화하고 소득을 증가시킨다. 연결을 방해하고 연결을 독점하는 세력이 있다면 그것이 카르텔이고 갑질이며 기득권의 횡포다. AI 에이전트와 같은 새로운 기술, 이에 기반한 새로운 창업가, 이를 뒷받침할 정부와 국회의 혁신적인 제도, 사법부의 미래를 여는 판결 등은 새로운 연결을 창출해 경제와 사회 복지에 크게 기여할 수 있다. 수많은 경제 주체를 AI 매칭 에이전트로 연결하면 생산자, 판매자, 소비자 모두가 새로운 가치를 창출할 수 있을 것이다.

앨빈 로스가 경제 원리와 컴퓨터 알고리듬으로 새로운 매칭 시스템을 개발했다면(Roth, 2015), 이제는 초거대 생성형 AI 기술에 기반한 매칭 에이전트 시스템과 경제 체제를 구축해야 할 때다.

한국 최대의 건어물 시장인 중부시장에 가 보았다. 그

곳에서 건어물을 판매하는 수많은 상인들은 유선 전화와 휴대폰 전화번호만을 간판에 새겨 놓고 있었다. 인터넷에도 연결되어 있지 않은 상인들이다. 이러한 수많은 경제 주체를 인공지능 매칭 에이전트로 연결할 수 있다면, 생산자 · 판매자 · 소비자 모두에게 새로운 가치를 창출하게 될 것이다. 대학 진학 과정에서의 비효율 최소화, 응급실 뺑뺑이와 필수 의료진 부족 문제 해결 등 전문 분야의 경우에도 정교하게 재설계된 시장과 매칭 알고리듬으로 해결책을 찾을 수 있다.

참고문헌

이경전(2024.1.11). [이경전의 AI와 비즈니스 모델] 'AI 경제 집사' 온다 … 미래 물결에 올라탈 준비하라. ≪한국경제≫, A29면.

이경전(2024.3.25). [이경전의 AI와 비즈니스 모델] 정책 실험 대신 AI·알고리즘으로 해결해야. ≪한국경제≫, A33면.

이경전(2024.7.15). 이경전의 행복한 AI 읽기 (11) AI 에이전트가 만들어 낼 새로운 연결. ≪주간경향≫, 1586호.

Roth, A.(2015). *Who gets what and why: The new economics of matchmaking and market design*. Houghton Mifflin Harcourt. 이경남 옮김(2016). 『매칭: 숨은 시장을 발굴하는 강력한 힘』. 알키.

Zhang, C., et al.(2023) AppAgent: Multimodal agents as smartphone users. *arXiv:2312.13771*.

09
AI 에이전트 경제를 위한 제도

AI 에이전트 경제 구축을 위해 어떤 제도가 필요할지 설명한다. 특히 경제 주체의 데이터를 안전하게 보관하면서도, 이를 잘 활용해 AI를 개발할 수 있는 체제로 데이터 뱅크를 제안하고, 설명한다.

AI와 화장품?

AI에 자료를 지속 가능하게 공급하는 제도

챗지피티로 대표되는 초거대 AI는 AI 모델의 크기를 충분히 키우고, 이를 학습시킬 자료(데이터)를 최대한 모으고, AI 모델을 운용하며 추론시키는 초거대 성능의 컴퓨터 칩을 최대한 확보해 만들어진 것이다. 그 결과 AI가 예상치 못한 지능을 보이자 과학자들이 놀라면서 기뻐하는 중이다. 이러한 초거대 AI의 파라미터 수는 수조 개인데, 이러한 AI를 한 번 만드는 비용은 컴퓨터 사용료 비용만 최소 1000억 원 정도에 시간은 6개월가량 걸리며, AI의 최신 기술에 매우 능통한 동시에 초거대 AI 모델을 학습시키는 용기와 끈기를 가진 최고급 인력이 필요하다. 그런데, 1000억 원을 쓴 AI 모델의 성능이 기대에 못 미치면 도자기를 깨듯이 AI 모델을 버려야 한다. 매우 자본·인재 집약적이고, 실력과 운이 따라야 하는 고도의 과학, 공학, 경영 복합 연구 개발의 결과다.

이러한 AI를 만드는 데 필수적인 데이터와 관련된 문제가 발생하고 있다. 이미지 생성 AI 분야에 큰 획을 그은 스테이블 디퓨전(Stable Duffusion) 모델의 발명과 보급에 큰 기여를 한 기업 스태빌리티AI는 이미지 데이터베이스 회사 게티이미지(Getty Images)와 1조8000억 달러에 달하는 저작권 침해 소송에 걸렸다. 스태빌리티

AI의 소프트웨어를 사용해 생성한 이미지에 게티이미지의 워터마크가 나온 사례가 발견됐기 때문이다. 오픈에이아이와 마이크로소프트 역시 미국의 대표 신문사인 뉴욕타임스로부터 2023년 12월 소송을 당했다. 수백만 건의 기사를 허락 없이 AI 모델 학습에 사용해 수십억 달러에 달하는 손해를 봤다는 것이다.

초거대 AI 전쟁에 참여하는 기업이나 국가는 세계 최우수급 AI 인재 확보, AI 학습과 추론에 사용될 반도체 기술과 실제 물량 확보, 이를 뒷받침할 자본, 그리고 학습과 운용에 사용될 데이터를 확보해야 한다. 가장 시급한 것이 데이터 확보다. 현재까지 초거대 AI는 주로 인터넷에 공개된 텍스트나 이미지 데이터를 가지고 만들어졌다. 그 과정에서 게티이미지나 신문사의 데이터가 섞여 들어가기도 한 것이다.

개인 정보와 저작권을 보호하는 연합 학습

앞으로의 AI 개발은 이렇게 공개된 데이터뿐만 아닌 사적으로 소유하는(proprietary) 데이터를 어떻게 사용할 것인가에 달려 있다. 해결책은 연합 학습 기술이다. 이 기술을 활용하면, 데이터 소유자가 AI 개발사에 데이터를 넘겨주지 않아도 AI를 학습시킬 수 있다. AI 개발사는 아직 학습되지 않은 빈 AI 모델을 데이터 소유자에게 보내서 그의 데이터로 학습시킨 후, 학습된 모델을 넘겨받을 수 있다. 이렇게 여러 데이터 소유자로부터 넘겨받은 AI 모델을 가중 평균해 하나의 AI 모델로 만들면, 데이터를 한곳에 집중시키지 않아도 고성능의 AI 모델을 만들 수 있다는 것이 증명되었다. 이에 기반해 유럽에서는 신약 개발 AI를 활용한 멜로디 프로젝트(melloddy.eu)가 진행되었고, 같은 방법을 한국의 K-멜로디 프로젝트가 사용하고 있다.

카리사 벨리즈(Veliz, 2021) 옥스퍼드대학교 철학 교수는 우리 인간이 콩팥(신장)·간 등의 장기를 사고팔지 않고, 투표권 역시 사고팔지 않는 것처럼 인간의 데이터도 거래를 금지해야 한다는 신박하고 경청할 만한 주장을 개진한다. AI 산업의 연료가 분명 데이터인 것은 맞다. 그러나 기존 산업 혁명의 연료로 동물의 기름은 일부 썼어도 사람의 기름은 쓰지 않았던 것과 마찬가지로, AI 엔진의 연료로 개인 데이터의 사용은 최소화하고 그 활용에 대해 해당 개인에게 철저한 보상을 제공하는 AI 구조가 결국 지속 가능성을 가질 것이다(이경전, 2021).

벨리즈와 같은 철학자는 무엇이 바람직한 사회인지 자기 생각을 발언할 수 있고, 인공지능학자는 그러한 철학자의 의미 있는 주장을 구현할 수 있는 기술의 존재를 인식하고 그것을 사회에 적용하는 형태로 사회에 이바지할 수 있으면 된다. 벨리즈의 주장대로 개인의 데이터를 거래하지 않으면서, 동시에 인공지능을 개발할 수 있는 방법이 연합 학습 기술이다. 이는 프라이버시의 보호와 인공지능의 발전이라는 두 마리 토끼를 다 잡는 방법이다.

AI 발전이 저작권을 희생시키면 안 된다

인공지능은 도구다. 목표가 아니다. 도구가 가치를 훼손하면 안 된다. 인공지능이 개인의 프라이버시를 훼손하면 안 된다. 인공지능은 개인의 프라이버시에 대한 침해가 없는 선에서만 그 발전이 의미가 있다. 저작권도 마찬가지다. 인공지능의 발전을 위해서 저작권을 조금 희생시켜야 한다는 주장이 있지만, 그것은 저작권자의 입장에 서 보지 못한 사람의 이야기일 수 있다. 그리고 장기적으로 생각해 보아야 한다. 매년 연말이면 여기저기서 캐럴이 울려 퍼진다. 어떤 사람들은 "연말에 백화점 등 매장에서 캐럴을 틀면 좀 어떠냐. 너무 저작권을 강조하지 않으면 좋겠다. 저작권을 강조하니 연말이 캐럴 없는 성탄절이 되고 있지 않느냐?"라고 안타까움을 표시한다.

그러나 반대로 생각해 볼 수 있다. 만약 연말에 캐럴을 트는 것에 대해 저작권자에게 수익이 제대로 돌아가지 않는 구조가 된다면, 음악가들은 캐럴을 더는 작곡하거나 녹음하거나 연주하지 않을 것이고, 우리의 연말은 더욱 썰렁한 성탄절이 될 위험이 있다. 음악 소비자들이나 유통업자들이 음악 저작권자에게 적절한 보상을 제공하지 않으면, 당장은 좋을 것 같지만 음악 창작자들은 의욕을 잃고 더는 좋은 음악을 만들려고 애쓰지 않게 된다. 저작권은 우리 사회의 문화적 수준을 높이고 유지하기 위한 매우 중요한 가치다(이경전, 2024.1.8).

2000년대 초 음악 파일을 P2P(peer-to-peer)방식으로 무료 공유하는 냅스터가 8000만 명의 사용자로부터 각광을 받았다. 냅스터는 메탈리카, 닥터 드레 등 음악가들에게 소송을 당했고, 결국 미국음반산업협회에 패소해 파산했다. 그때 만약 냅스터가 승소했다면 전 세계의 음악은 20년 후 오늘 이렇게까지 또 발전하지는 못했을 것이다.

연합 학습 기반 데이터 뱅크

개인의 프라이버시 보호와 저작권 보호를 중시한다고 해서 AI의 발전이 더뎌지는 것은 아니다. 연합 학습 기술과 같은 기술적 방법과, 자신의 데이터를 뺏기거나 팔아치우지 않더라도 AI 발전에 이바지하는 것을 유도할 수 있는 인센티브 제도와 이를 가능하게 하는 새로운 기구를 이용하면 충분히 가능하다.

연합 학습 기반의 데이터 뱅크 제도를 만들 필요가 있다(이경전, 2024.4.1). 더글라스 노스는 재산권의 보호와 활용을 높이는 동시에 거래 비용을 줄이는 제도를 가진 사회가 번영한다는 것을 실증적으로 밝혀 노벨 경제학상을 수상했다. 개인, 기업, 정부 등 모든 주체의 데이터를 보관하는 데이터 뱅크들을 설립하고, 이 뱅크들이 사회 주체를 대신해 AI 회사와 계약을 맺어 데이터를 AI 개발에 활용하게 함으로써 데이터를 보호하는 동시에 활용을 높이고 거래 비용을 줄이는 효과를 기대할 수 있다. 이는 노스 교수가 말하는 번영의 조건이 충족됨을 의미한다.

정상적인 경제 주체들이 은행 계좌를 가지고 있는 것처럼, 앞으로는 모든 주체가 자신의 데이터 계좌를 가지는 시대가 올 수 있다. 어떤 사람이 태어나 자기의 은행 계좌를 가지기 전까지는 경제적 노예 상태를 면할 수가 없다. 부모나 다른 사람이 주는 돈이나 배려에 의존할 수밖에 없다. 데이터도 마찬가지일 수 있다. 현재는 많은 사람이 자신의 데이터가 어디서 발생해 어디로 가는지 알지 못하는, 즉 자신의 데이터 계좌 자체가 없는 데이터 시대 노예의 삶을 살고 있다.

모든 사람에게 데이터 계좌를 부여하고, 이 계좌에 데이터를 축적함으로써 자신의 자산이 되게 하는 체제를 설계해 볼 필요가 있다. 개인과 기업 등 조직이 은행 계좌를 가지듯이 모든 개인과 기업, 정부 기관이 데이터 계좌를 가지고 자신의 데이터를 잘 축적하고 가꾼다고 상정해 보자. 이들은 연합 학습 기술로 AI를 만드는 주체들이 자신의 데이터를 사용해 AI를 학습시키는 것을 허용하는 대가로 이자 받듯이 금전적 · 비금전적 이익을 얻을 수 있게 될 것이다. 이러한 계좌를 관리하는 데이터 뱅크들은 AI 회사와 데이터 소유자(개인 · 법인) 간의 계약을 중개하는 역할을 수행한다. 마치 현재의 은행이 예금 고객의 돈을 여신 고객에게 빌려 주면서 영업을 전개하는 형태와 유사하다.

참고문헌

이경전(2021.3.4). 2021년 AI 비즈니스 어떻게 추진할 것인가. ≪한경닷컴≫. https://www.hankyung.com/article/202103039789i

이경전(2024.1.8). 이경전의 행복한 AI 읽기 (4) 인공지능 사회,

예측이 아니라 설계·실행할 때다. ≪주간경향≫, 1560호.
이경전(2024.4.1), [K-폴리시, 최고 정책전문가가 말한다] 데이터 뱅크, 세계 최초로 도입하자. 디지털타임스. https://www.dt.co.kr/contents.html?article_no=2024040202102369061003
Veliz, C.(2021). *Privacy is power: Why and how you should take back control of your data.* Bantam Press.

10
AI 에이전트 비즈니스 모델

개방형의 온디바이스/온프레미스 AI 모델이 폐쇄형의 클라우드 기반 프론티어 AI 모델에 대별되어 나오고 있는 상황을 설명하고, AI 에이전트로 비즈니스 모델을 혁신하고 있는 사례와 방법을 소개하며, AI 에이전트가 비즈니스 모델의 구성 요소(가치, 고객, 프로세스, 이익 모델)에 어떤 변화를 가지고 올지 전망한다.

종교와 AI?

온디바이스/온프레미스 AI 모델

프랑스 회사 미스트랄(Mistral)이 개인용 컴퓨터에 설치할 수 있는 온디바이스(on-device) AI 모델 '미스트랄-네모(Mistral NeMo)'를 출시했다. 120억 개의 매개 변수를 가지는 작은 모델이다. 미스트랄 네모는 많은 사람들이 이미 가지고 있는 RTX GPU에서도 실행할 수 있는 소규모 AI로, PC로 구동할 수 있다. 이에 뒤질세라 미국의 메타는 오픈에이아이의 챗지피티 3.5보다 더 큰 4050억 개의 매개 변수를 가지는 AI 모델 라마3.1을 오픈소스로 공개했는데, 이 성능이 GPT-4o나 클로드 3.5 소네트 등의 초거대 AI 모델에 맞먹는다고 발표했다. 바로 다음날, 미스트랄은 라지2라는 1230억 개의 매개 변수를 가지는 모델을 발표한다. 이 두 회사의 경쟁적인 발표는 오픈에이아이를 순간 휘청하게 할 정도로, 인공지능의 판도를 바꿀 만한 충격적인 내용이었다. 그동안은 오픈에이아이나 앤쓰로픽 같은 프론티어 AI 회사의 클라우드에 연결해야만 최고 성능 AI를 써 볼 수 있었는데, 회사에 설치하거나 개인 PC와 스마트폰에 설치해서 비슷한 성능의 AI를 쓸 수 있는 시기가 앞당겨진다는 의미가 되기 때문이다. 이는 챗지피티로 대표되는 생성형 AI 붐이 AI 에이전트로 한 단계 격상되는 것을 의미하고, 이는 딥마인드(Morris et al., 2023)와 오픈에이아이(Robison, 2024)가 같은 목소리로 예상해 온 것이기도 하다.

앞서가는 기업들은 임직원의 개인적 챗지피티 활용을 넘어서 핵심 업무들을 AI 에이전트에게 수행하도록 해서 완성도와 생산성을 높이고, 일하는 방식과 비즈니스 모델을 혁신하고 있다. 생성형 AI로 신기해하던 시기를 지나, 이제 정말 내가 원하는 업무를 착실히 수행해 나가는 AI 에이전트를 체계적으로 구축해하는 기업이 그렇지 않은 기업을 이기는 시대가 오고 있다(이경전, 2024).

AI가 운동선수들의 약물 복용(도핑)처럼 지식 근로자를 위한 도핑이 되고 있다. AI를 도입한다는 것은 지식이 풍부한 인턴 군대를 도입하는 것이라 비유되기도 하는데, 매우 적확한 비유라고 생각한다. 홈런을 잘 못 치는 선수가 도핑을 하면 소용없지만, 홈런을 잘 치는 선수가 도핑을 하면 더욱 홈런을 잘 치게 될 것이다. 프로 야구에서는 도핑이 금지되어 있지만, AI의 사용은 권장된다. 이렇게, AI는 엄청난 생산성 향상을 가져와 AI를 잘 활용하는 사람과 그렇지 못한 사람의 격차가 커지고 있는 것이다.

AI 에이전트로 인한 비즈니스 모델 혁신

AI는 사람 수준으로 품질 좋은 콘텐츠를 빠르게 생성한다. 처음에는 사람과 AI 간의 상호 작용으로만 시작되지만, AI끼리도 자연어로 상호 작용하면서 사람과 AI, AI와 AI, AI와 사람이 계속 연결되고 의사소통과 조정 과정이 자동화되면서 비즈니스 모델의 혁신이 증폭된다. 사람이 예약된 명령어를 일일이 타이핑하는 방식에서 그래픽 인터페이스를 클릭하고 터치하는 방식으로 진화했고, 이제는 대화형 인터페이스 방식으로 빠르게 진화하고 있다. 상호 작용의 양끝에는 사람이 있지만, 그 사이에는 AI가 많이 중첩되어 커뮤니케이션이 되면서 예상치 못한 변화와 혁신이 가능해지는 것이다.

아이스크림 회사 벤앤제리스(Ben & Jerry's)는 AI 기능이 있는 카메라를 설치해 식료품점 냉장고 이미지를 체크한 뒤 어떤 제품이 얼마나 부족한지 유통업체에 실시간으로 알린다. 벤앤제리스 모기업 유니레버(Unilever)의 캐서린 레이놀즈 대변인은 "AI 기술이 적용된 카메라를 설치한 가게에선 가장 인기 있는 아이스크림 제품이 신속하게 보충됐기 때문에 매출이 13% 늘었다"라고 밝혔다.

미국 의류 기업 아베크롬비앤드피치(Abercrombie &

Fitch)는 의류 디자인 아이디어 회의를 하면서 AI 이미지 생성 프로그램인 '미드저니(Midjourney)'를 사용해 초벌 작업을 하며 업무 효율을 높인다. 미국 백화점 메이시스(Macy's)는 생성형 AI를 활용해 고객들에게 이메일을 보내고, 온라인으로 제품 설명을 추가하는 식의 맞춤형 마케팅을 진행하고 있다.

AI는 또한 방대한 데이터와 복잡한 패턴을 분석해 새로운 발견을 하게 된다. 과학 연구, 제품 개발, 시장 트렌드 분석 등에서 예상치 못한 새로운 효과를 발견하거나, 소비자 데이터 분석을 통해 새로운 시장 기회를 포착한다. 개인의 선호, 행동 패턴, 역사적 데이터를 종합한 뒤 더 정밀한 매칭을 통해서 채용, 데이트 서비스, 교육 프로그램 등에서 개인화된 경험을 제공하며, 사용자 만족도를 크게 향상시킨다. 이를 통해 기업은 효율적인 마케팅과 고객 서비스를 제공함으로써 투자 대비 수익률을 극대화하게 된다.

IBM과 NASA는 과학 분야를 위한 LLM INDUS를 개발했다(The Science Monitor, 2024). 지구과학, 생물학·물리학, 태양물리학, 행성과학, 천체물리학 등 5개 과학 분야를 지원하는데, 과학 용어에 특화된 어휘를 사용하며, 이 중 절반 이상이 특정 과학 분야에 고유한 단어다.

INDUS는 일반 초거대 언어 모델보다 생물 의학 작업, 과학 질문 답변, 지구과학 개체 인식 등에서 우수한 성능을 보이고, 연구자의 질문을 처리하고 관련 문서를 검색하며 질문에 대한 답변을 생성한다. NASA의 여러 부서에서 이를 활용 중인데, 생물학 및 물리과학 부서에서는 데이터 검색을 위한 챗봇 개발에 사용하고 있으며, 고다드 지구과학데이터정보서비스센터에서는 출판물 분류와 데이터 세트 추천 시스템에 활용되고 있다. INDUS는 오픈소스로 공개되어 누구나 이용 가능하다.

개인 기업, 소상공인, 중소기업, 대기업 모두 판매 AI 에이전트 소프트웨어가 필수적이다. 고객은 원하는 물건을 표현하면 전 세계의 공급자 또는 공급자 AI 에이전트와 접촉해 자신을 대신해 물건의 사양과 가격을 흥정해 주는 소프트웨어가 필요하게 될 것이다. 이것을 우리는 고객 에이전트(customer agent)라고 부를 수 있는데, 이는 탐색 능력, 흥정 능력, 의사 결정 능력 등을 갖춘 일종의 전문가 AI 시스템이 될 것이다(이경전, 1999).

비즈니스 모델 구성 요소별 혁신 전망

비즈니스 모델을 가치 모델, 고객 모델, 프로세스 모델, 이익 모델 등 네 가지로 나눈다고 할 때(이경전, 2015)

각 구성 요소에 AI 에이전트가 어떤 영향을 미칠지 따져 볼 수 있다.

먼저, 인공 일반 지능, AI 에이전트, 또는 AI 플랫폼이 어떤 새로운 가치를 창출할 것인가? 인공지능은 기존의 인류가 가진 가치 목록(이준웅 · 이경전, 2009) 외에도 새로운 가치를 창출할 잠재력이 큰 기술이다. 예를 들어, 매칭 에이전트는 거래 비용의 극적 감소를, 콘텐츠 생성 AI 에이전트는 콘텐츠 생산 비용과 시간의 극적 감소 및 이를 통한 새로운 콘텐츠 장르 창조라는 가치를, R&D 전문 AI 에이전트는 연구 개발 소요 시간의 극적 감소라는 새로운 가치를 창출하고 있다.

그렇다면 AI 에이전트는 어떤 새로운 고객 또는 고객 관계를 창출할 것인가? 제일 큰 변화는 AI 에이전트가 새롭게 고객이 되는 변화가 일어나서, AI 에이전트라는 새로운 고객군을 기업들이 상대하게 될 것이라는 점이다. 또한, AI 에이전트의 발전은 개인이나 기업이 그동안 미처 생각하지 못했던 비고객을 고객으로 만들 기회를 만들어 낼 것이다. 예를 들어, 나의 콘텐츠를 자동으로 빨리 전 세계의 언어와 문화에 맞게 생성하고 변환하게 되어, 언어의 제약으로 상대할 수 없었던 고객을 새로운 고객을 맞아들일 수 있다. 또한, AI 에이전트의 활용으로 기업은 고객들과 새로운 고객 관계를 만들 수 있다. 기업에서의 고객 관계 관리 AI 에이전트의 활용은 고객의 댓글들을 자동으로 모니터링하고 답글을 다는 과정을 자동화하는 것을 넘어서, 고객들이 원하는 제품이나 서비스를 신속하게 개발하고 그 시안을 만들어서 고객에게 역제안하는 것이 가능해진다. 고객이 요구하기 전에 먼저 제안하는 것이 가능해지는데, 사람 고객 또한 AI 에이전트를 활용할 것이므로 스팸(spam)을 걱정하지 않아도 된다. 오히려 인간 고객은 얼마든지 자신에게 제안을 많이 하는 기업을 원할 수 있다. 그 제안들은 인간의 비서인 AI 에이전트가 처리할 수 있기 때문이다. AI 에이전트는 사람 주인을 위해 최적의 제안을 빠른 시간에 선택해 낸다.

프로세스 모델도 변화한다. 기업의 프로세스가 제조업인 경우는 가치 사슬 모양, 서비스업인 경우는 가치 상점 모양, 플랫폼인 경우는 가치 네트워크 모양으로 설명할 수 있는데, 인공지능 기술이 중요해지면 기업의 프로세스는 가치 엔진의 형태로 변화할 것이라는 연구가 발표됐다(이경전 외, 2020). 기업의 핵심 프로세스가, 1) 가치 있는 목표를 설정하고 그 달성 여부를 수시로 체크하며, 2) 데이터와 지식을 확보하고, 3) 추론 과정을 최적화하며, 4) 인간-AI 간 협력 체계를 갖추고, 5) AI 엔진을 유지하고 운영하는 것이 된다는 것이다. 이를 AI 에이전트 시대로 확장시킨다면, AI와 AI 간의 의사소통과 협력이라는 프로세스가 추가된 가치 에이전트 모델이라는 것을 새로운 프로세스 모델로 제시할 수도 있겠다. 결국 앞으로의 기업과 개인의 핵심 의사 결정은 1) 무엇을 목표로 할 것이며, 2) 누구와 소통할 것인지, 이를 위해 3) 데이터의 공급 체계를 어떻게 구축해 나가면서, 기업과 인간은 4) 그 데이터를 활용해서 AI를 계속 구축하고 협력할 것인가가 될 것이라는 점이다.

AI 에이전트 시대의 킬러 수익 모델은 무엇이 될까? 인터넷 플랫폼 시대에는 오버추어(overture)가 창조해낸 키워드 검색 광고 모델(이경전 2007), 스티브 잡스가 정립한 7:3 수익 분배 모델, 한국에서 발전한 휴대폰 소액결제 모델(이경전 외, 2012), 유튜브의 트루뷰(TrueView) 모델 등이 흥미로운 모델이었다.

오픈에이아이의 수익 모델은 개인 고객에게는 월정액 가입비 모델, API 고객에게는 사용한 만큼 지불하는 모델이다. AI 에이전트 시대에는 광고 모델은 많이 힘을 잃을 것으로 전망해 볼 수 있다. 사람들의 눈동자에 호소하는 기존의 광고 모델은 이제 웹과 앱을 AI가 들여다보게 됨에 따라 그 효율성이 점차 떨어지고 있다. 새로운 광고 모델이 탄생할 것인가? 광고 모델의 발전 역사에서 실마리를 찾아본다면, 노출 빈도에 의존하는 TV · 신문 · 라디오 · 잡지 광고 모델에서, 인터넷은 클릭 · 구매 등 성과에 연동하는 광고 모델로 발전해 왔다. AI는 이러한 발전 방향을 더욱 심화할 것이다. AI 에이전트가 성과를 내면, 이에 보상하는 형태로 발전할 것이다. 이때 양 당사자가 모두 AI 에이전트라면, 그들 간에 자동으로 안전한 결제가 이루어지는 모델의 개발도 필요하게 될 것이다. 둘 간의 비용을 제3자인 AI 에이전트가 산정해 주는 방법도 모색되어야 할 것이다. 이러한 것은 개념적으로 발명되는 것이 아니라, 매칭 에이전트와 같이 가치 있는 거래와 만남을 만들어 내는 새로운 사업이 수익 모델을 찾는 투쟁적 과정을 거치면서 점차 진화 · 발전해 나갈 것이다.

참고문헌

이경전(1999). 전자상거래 소프트웨어 에이전트. ≪정보처리학회지≫, 6(1), 54-62쪽.

이경전(2007). 비즈니스모델관점에서의 웹 2.0. ≪정보과학회지≫, 25(10), 16-22쪽.

이경전(2015). 당신의 비즈니스 모델은 무엇입니까?. 유튜브 채널

세바시 강연.
https://www.youtube.com/watch?v=qkwrrMctDR0
이경전(2024.7.29). [이경전의 AI와 비즈니스 모델] 챗GPT의 시대, 벌써 저무나. ≪한국경제≫, A33면.
이경전 외(2020). 다분야 서비스 가능 기계학습 엔진 비즈니스 모델 사례 연구. ≪한국지능정보시스템학회 학술대회논문집≫, 7-8쪽.
이경전 외(2012). 유무선 전화 결제가 디지털 콘텐츠 산업 및 시장에 미친 영향 분석. 『Internet and information security』, 3(1), 64-88쪽.
이준웅·이경전(2009). 가치혁신의 체계화 방법으로서의 UIF Map 의 제안. ≪한국경영학회 융합학술대회 논문집≫, 1-36쪽.
The Science Monitor(2024). NASA-IBM 협력 첨단 과학 영역 LLM 제품군 개발.
http://scimonitors.com/nasa-ibm-%ED%98%91%EB%A0%A5-%EC%B2%A8%EB%8B%A8-%EA%B3%BC%ED%95%99-%EC%98%81%EC%97%AD-llm-%EC%A0%9C%ED%92%88%EA%B5%B0-%EA%B0%9C%EB%B0%9C/#google_vignette
Morris, M., et al.(2023). Levels of AGI: Operationalizing progress on the path to AGI. *arXivpreprint arXiv:2311.02462.*
Robison, K.(2024). Here's how OpenAI will determine how powerful its AI systems are.
https://www.theverge.com/2024/7/11/24196746/heres-how-openai-will-determine-how-powerful-its-ai-systems-are

이경전

2003년부터 경희대학교 경영대학에서 교수(경영학과, 빅데이터응용학과, 첨단기술비즈니스학과)로 재직 중이며, 한국연구재단 중점연구소 빅데이터연구센터 소장을 맡고 있다. 2017년 한국지능정보시스템학회 회장을 지냈고, 현재 한국경영정보학회 AI연구회 회장, 한국경영연구원(KMDI) AI비즈니스응용연구회 회장으로 재임 중이다. 카이스트(KAIST)에서 경영과학 학사·석사·박사 학위를, 서울대학교에서 행정학 석박사를 수료했으며, 카네기멜론대학(Carnegie Mellon University), UC 버클리(Berkeley), 매사추세츠공과대학(MIT)에서 초빙과학자·교수로 활동했다. 주요 저서로는 『버튼터치하트』(2018) 등이 있으며, 미국인공지능학회(AAAI)로부터 네 차례(1995, 1997, 2020, 2024년) 혁신적 인공지능 응용상(IAAI Award)을 수상했고, 전자정부유공자 대통령 표창을 수상했다. 『AI Magazine』에 세 편의 논문을 발표하는 등 국내외 저널에 100편 이상의 논문을 발표했고, 다양한 공공기관과 기업의 자문 교수로도 활동 중이다.